쏭내관의 재미있는
궁궐기행

쏭내관의 재미있는
궁궐기행

송용진 글·사진

지식프레임

여는 글

1999년 어느 토요일, 그날도 아버지께서는 〈용의 눈물〉이란 사극을 보시고 계셨습니다. 워낙 사극을 싫어했던 저는 어떻게든 리모컨을 가져와 채널을 돌리려 애쓰고 있었죠. 그 시간 다른 채널에서는 쇼프로를 하고 있었거든요. 그런 저를 물끄러미 바라보시던 아버지께서 한심하다는 듯 말씀하셨습니다.

"이제 이런 사극도 봐야 하지 않니? 역사에 관심 좀 가지거라. 그건 아니? 너를 길러주신 할머니도 조선의 백성이었다는 사실을?"

아, 조선! 그저 아주 먼 시대라고만 생각했던 나라. 그런데 내 할머니께서 조선의 백성이었다니요. 그때까지만 해도 할머니와 동시대 사람이라 생각했던 저에게 그 말은 매우 충격이었습니다. 그렇게 저는 자의반 타의반 사극의 매력에 빠졌고, 그러던 중 경복궁을 가게 되었습니다.

경복궁을 입장하기 전만 해도 저는 사극에 나오는 멋진 궁전의 모습을 상상했어요. 그런데 직접 가본 경복궁의 현실은 그게 아니었죠. 넓은 공터에 드문드문 있는 궁궐 건물의 모습은 너무 실망스러웠습니다.

'이게 뭐야? 여기에서 임금님이 사셨다고? 왜 이렇게 초라하지?'

　하지만 이런 실망감은 이내 궁궐에 대한 호기심으로 바뀌었습니다. 이후 궁궐 관련 책들을 한두 권씩 읽기 시작했습니다. 그러다 보니 우리 궁궐이 36년간 일제강점기를 거치며 철저히 파괴되고 왜곡되었다는 사실을 알게 되었지요. 말할 수 없는 분노, 슬픈 역사에 대한 안타까움…. 그야말로 여러 감정이 교차했습니다.

이후 저는 조금씩 조금씩 궁궐에 더 빠지기 시작했습니다. 주말이면 궁궐에 가서 우리 궁궐을 공부했습니다. 궁궐 관련 책들은 빠짐없이 읽었지요. 관련 세미나나 강의는 다니던 직장에 월차를 내면서까지 참석했습니다.

그러던 어느 날 회사 동료에게 이런 얘기를 했어요.

"이상해. 마치 궁궐이 내 집 같아. 아마 전생에 나는 왕자였나봐!"

그 말을 듣던 동료는 들은 체도 하지 않고 귀찮다는 듯이 대답했습니다.

"왕자? 설마! 내시였겠지!"

내시라는 말에 잠시 당황했지만, 곰곰이 생각해 보니 내시만큼 궁궐을 속속들이 아는 이들은 없었습니다. 그렇게 저는 생각지도 않게 '쏭내관'이란 별명을 갖게 되었죠.

어느 날 경복궁에서 답사를 하며 궁궐 공부를 하고 있는데, 옆을 지나던 관람객 한 분이 해당 건물의 역사적 사실을 잘못 이야기하고 있었습니다. 그래서 그분에게 조용히 다가갔지요. "그게 아니고요, 이 건물은 태조연간에 만들어졌다가 … 중략 … 이런 용도의 건물입니다."라고 차분히 설명했습니다. 그런데 그사이 주변 사람들이 하나둘 내 주위로 모여들기 시작했습니다. 제가 다음 건물로 이동을 하는데 계속해서 많은 분들이 저를 따라오시더군요. 그분들은 제가 궁궐 해설사인 줄 알았던 겁니다. 쏭내관의 경복궁 가이드는 그렇게 시작되었고, 결국에는 내시복까지 입게 되었습니니다.

경복궁 가이드를 하면서 저는 우리 궁궐의 현실과 슬픈 역사를 알리고자 홈페이지를 만들었습니다. 방문자들 사이에 쏭내관의 궁궐 홈페이지는 조금씩 인기를 얻게 되었고, 여기저기서 강의 요청까지 들어왔어요. 처음엔 낯설

고 자신이 없었지만, 주어진 기회였으니 최선을 다했습니다. 그런데 의외로 많은 분들이 좋은 반응을 보여주셨습니다. 이에 저만의 궁궐 이야기를 재미있고 알차게 엮어보자는 생각이 들었습니다. 그렇게 해서 2005년에 이 책의 초판이 출간되었고, 2009년에 개정판을 펴냈습니다. 개정판을 펴낸 지 어느새 14년의 시간이 흘렀고, 그사이 우리 궁궐에는 또 많은 변화가 있었습니다. 특히 경복궁의 광화문, 향원정, 덕수궁의 돈덕전 등 많은 건물이 원래의 모습을 되찾았습니다.

　이번에 발행하는 개정3판에는 그동안 복원된 궁궐의 모습을 추가로 담아 많은 내용을 수정 보완하였습니다. 이 책을 통해 여러분께서는 더욱 풍부해진 우리나라 5대 궁궐 이야기를 만나보실 수 있을 겁니다.

제 작업실 한쪽 벽에는 오래된 흑백 사진 한 장이 걸려 있습니다. 일제강점기 일본인들이 우리 국보인 경복궁 경회루에 일장기를 걸고 행사를 하는 장면입니다. 정말 많은 것을 느끼게 해주는 사진입니다.

우리는 은연중에 자랑스러운 역사만을 배우고 강조합니다. 하지만 우리에겐 이런 치욕스러운 슬픈 역사도 있었지요.

역사는 과거를 돌아보는 문이며 미래를 내다보는 창입니다. 그리고 그 역사가 우리의 궁궐에 고스란히 담겨 있습니다. 이 책에 소개된 궁궐 이야기를 통해 우리 역사를 더욱 다양한 감정으로 생각하고 느끼면 좋겠습니다.

2023년 개정3판을 내며
쏭내관 송용진

殿政資

궁궐은 과거를 돌아보는 문이며 미래를 내다보는 창입니다.

차례

여는 글 004

1부 입궐 채비를 서두르시옵소서!

1장 만백성을 위한 궁궐이옵니다
• 궁궐이란 무슨 뜻일까? 019
• 임금은 한 명인데 궁궐은 왜 여러 개일까? 021
• 서울의 4대문, 5대 궁궐 그리고 종묘사직 023
• 궁궐의 구조 살펴보기 025
• 궁궐의 건물은 어떻게 지어졌을까? 032

2장 궁궐의 역사는 조선의 역사이옵니다
• 조선 최고의 궁궐, 경복궁 051
• 조선 후기의 정궁, 창덕궁 060
• 치욕의 역사를 말해 주는 창경궁 063
• 완전히 사라질 뻔한 궁궐, 경희궁 065
• 덕수궁의 진짜 이름, 경운궁 068
• 왕실 가족의 휴식 공간, 후원 071

3장 종묘와 사직을 보존하소서
• 왕실의 사당, 종묘 077
• 토지·곡식의 신에게 제사를 올리던 곳, 사직단 079

2부 궁궐 대문을 열랍신다!

1장 해태의 노고를 치하하노라
• 궁궐의 입구이자 청렴결백의 상징 085
• 원래 자리를 찾아가는 해태상 087

2장 경복궁의 대문과 금천
• 경복궁의 정문, 광화문 090 • 콘크리트로 만든 가짜 광화문 093
• 살아나는 경복궁의 궁성 094 • 동십자각과 서십자각 096
• 경복궁의 4대문 – 건춘문, 영추문, 광화문, 신무문 097
• 흥례문의 부활 099 • 제자리를 찾은 경복궁 영제교 100

3장 창덕궁의 대문과 금천
• 오랜 세월 조선왕조를 지켜온 돈화문 103
• 600년이 지나도 튼튼한 창덕궁 금천교 104

4장 창경궁의 대문과 금천
• 학이 날아오르는 형상, 홍화문 107
• 자연수가 흐르는 창경궁 옥천교 107

5장 경희궁의 대문과 금천
• 아직도 제자리를 찾지 못한 흥화문 110
• 서울역사박물관 장식물이 된 경희궁 금천교 111

6장 덕수궁의 대문과 금천
• 정문으로 승격한 대한문 113
• 사방이 막힌 웅덩이, 덕수궁 금천 115

3부 |외전 영역| 주상 전하 납시오!

1장 문무백관을 부르랍신다! – 정전

- 정전의 기능과 역할 121
- 조선왕조의 상징 – 경복궁 근정전 124
- 조선 후기 대표 정전 – 창덕궁 인정전 129
- 현존하는 가장 오래된 정전 – 창경궁 명정전 132
- 되살아난 정전 –경희궁 숭정전 134
- 대한제국의 정전 – 덕수궁 중화전 135

2장 지혜로운 정치를 하시옵소서! – 편전

- 편전의 기능과 역할 141
- 생각하고 또 생각하라! – 경복궁 사정전 142
- 군사 통제 구역에서 풀려난 – 경복궁 집옥재 145
- 풍성히 베푸는 정치 – 창덕궁 선정전 146
- 슬픈 역사, 반쪽의 복원 – 창경궁 문정전 148
- 쓸쓸한 내부 – 경희궁 자정전 149
- 고종 황제의 업무 공간 – 덕수궁 준명당, 석어당, 덕홍전, 중명전 150

3장 전하께 주청을 올리옵니다 – 궐내각사

- 궁궐 안 관청, 궐내각사 153
- 조선의 인재가 모였던 곳 – 경복궁 궐내각사 154
- 복원된 관청들 – 창덕궁 궐내각사 156
- 동물원이었던 창경궁 궐내각사 164
- 박물관이 된 경희궁 궐내각사 165
- 흔적조차 사라진 덕수궁 궐내각사 166

4부 |내전 영역| 중전마마 납시오!

1장 전하, 침수 드시옵소서! – 침전

- 우물 '井'자 구조의 침전 – 경복궁 강녕전 171
- 강녕전을 헐어 올린 침전 – 창덕궁 희정당 173
- 온돌이 없어진 침전 – 창경궁 환경전 175
- 그림 속에 남은 대전 – 경희궁 융복전 176
- 의문의 화재 – 덕수궁 함녕전 176

2장 내명부의 기강을 바로잡으소서! – 중궁전

- 중궁전의 주인, 중전마마 181
- 가장 깊숙한 궁전 – 경복궁 교태전 182
- 황후의 침전 – 창덕궁 대조전 184
- 중전마마의 쉼터 – 창덕궁 경훈각 185
- 연못을 갖춘 중궁전 – 창경궁 통명전 186
- 사진만 남은 중궁전 – 경희궁 회상전 189
- 후궁이 살았던 중궁전 – 덕수궁 즉조당 190

3장 대비마마 드셨사옵니다 – 대비전

- 대비마마가 기거했던 대비전 192
- 아름다운 꽃담이 있는 곳 – 경복궁 자경전 192
- 사라진 대비전 – 창덕궁 함원전 193
- 가장 높은 곳에 있는 대비전 – 창경궁 자경당 194

4장 세자 저하 납시오! – 동궁전

- 세자의 생활을 엿볼 수 있는 동궁전 199
- 팔려간 동궁전 – 경복궁 자선당, 비현각 200
- 황실의 감시처가 된 동궁전 – 창덕궁 중희당 202

• 내의원이 된 세자의 교실 – 창덕궁 성정각 204

5장 선대왕의 넋을 기리소서 – 빈전과 선원전
• 선대왕들의 초상화를 모셔놓은 선원전 207
• 왕실의 슬픔이 묻어 있는 태원전 207
• 국립민속박물관이 들어선 자리 – 경복궁 선원전 209
• 하나의 궁궐에 두 곳의 선원전 – 창덕궁 선원전 211
• 영조의 초상화를 모셨던 곳 – 경희궁 태녕전 212
• 대한제국과 함께 사라진 선원전 – 덕수궁 선원전 214

6장 역사의 희로애락이 담긴 궁궐이옵니다
• 경복궁 흥복전 주변의 전각 – 집경당, 함화당 216
• 궁궐 안 작은 궁궐 – 경복궁 건청궁 217
• 후궁의 삶이 깃든 곳 – 창경궁 영춘헌, 집복헌 219
• 황실 가족의 마지막 보금자리 – 창덕궁 낙선재, 석복헌, 수강재 219
• 근대화의 상징 – 덕수궁 석조전 223

5부 |후원 영역| 시름을 떨치시옵소서!

1장 경복궁의 후원
• 잡상이 열한 개나 있는 경회루 227
• 구중궁궐 작은 인공산 – 아미산 230
• 아담하지만 웅장한 – 향원정 231
• 신무문 밖 후원 지역 – 경무대, 내농포 233

2장 창덕궁의 후원
• 물에 발을 담근 나그네의 모습 – 부용정 236

- 후원 내 도서관 – 어수문, 주합루, 서향각 237
- 과거시험의 무대 – 영화당, 춘당대 238
- 효명세자가 책을 읽었던 – 의두각, 기오헌 240
- 늙지 않게 하는 문과 연꽃이 아름다운 곳 – 불로문, 애련정 241
- 궁궐 안 아흔아홉 칸 양반 집 – 연경당 242
- 한반도 모양을 한 연못 – 관람지, 관람정, 승재정 243
- 정자 속의 정자 – 존덕정, 폄우사 244
- 티 없이 맑은 물 – 청심정과 돌거북 245
- 후원의 꼭대기 – 능허정, 취규정 246
- 시간이 멈춘 곳 – 옥류천 일대 246

3장 창경궁·경희궁·덕수궁의 후원

- 풍년을 기원하던 곳 – 창경궁 춘당지 251
- 인재들을 만나는 곳 – 창경궁 함인정 252
- 누에와 관련 깊은 곳 – 창경궁 관덕정 252
- 창경궁 후원의 대온실 253
- 경희궁의 유일한 후원 – 황학정 253
- 고종 황제의 커피 향이 느껴지는 – 덕수궁 정관헌 254
- 대한제국의 영빈관 – 덕수궁 돈덕전 254

6부 쏭내관과 함께하는 궁궐 답사

1장 경복궁 260
2장 창덕궁 288
3장 창경궁 310
4장 경희궁 324
5장 덕수궁 330

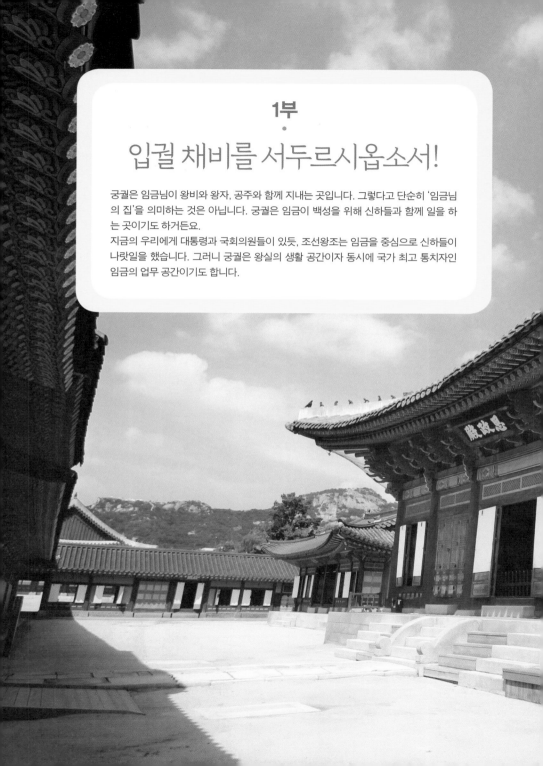

1부
·
입궐 채비를 서두르시옵소서!

궁궐은 임금님이 왕비와 왕자, 공주와 함께 지내는 곳입니다. 그렇다고 단순히 '임금님의 집'을 의미하는 것은 아닙니다. 궁궐은 임금이 백성을 위해 신하들과 함께 일을 하는 곳이기도 하거든요.

지금의 우리에게 대통령과 국회의원들이 있듯, 조선왕조는 임금을 중심으로 신하들이 나랏일을 했습니다. 그러니 궁궐은 왕실의 생활 공간이자 동시에 국가 최고 통치자인 임금의 업무 공간이기도 합니다.

1장

만백성을
위한
궁궐이옵니다

동이 트고 임금은 우의정, 좌의정 등 각 부서 관리들과 함께 아침 회의를 합니다.
"전하, 아뢰옵기 황공하오나 지금 경상도 동래 지역에 왜구가 침략해 백성의 피해가 크다 하옵니다!"
"피해가 크다 하니 이를 어찌 했으면 좋겠소?"
"전하, 왜구의 침입은 어제 오늘의 일이 아니오니 부디 이번 기회에 단호하게 조치를 하셔야 하옵니다.
지금 군사를 보내시어 다시는 이런 일이 없도록 하여야 하옵니다."
"맞는 말이오. 도승지(임금의 비서실장)는 들어라! 지금 당장 경상도 지역에 정예군을 파병해 왜적들을
격퇴하고 지금껏 고통받은 경상도 동래 백성들에게 쌀 백 석을 보내 그들을 위로하라!"
이 말을 들은 모든 신하들은 일제히 "성은이 망극하옵니다!"라며 임금의 결정에 예의를 표합니다.
이렇듯 팔도의 사건 사고들은 각각의 관청을 거쳐 궁궐로 들어와 어전회의를 통해 결정하게 되고, 여
기서 결정된 내용은 다시 각 관청을 통해 백성들에게 전달됩니다.

궁궐이란 무슨 뜻일까?

"주상 전하 납시오!"

"내 오늘 경들을 위해 직접 연회를 베푸는 것이니 모두들 마음 편히 하고 즐기길 바라오. 풍악을 울려라!"

왠지 궁궐은 임금이 많은 후궁을 거느리고 매일 맛있는 음식을 먹으며 호의호식하는 곳이라는 생각이 들지요? 그러나 이것은 궁궐의 참모습이 아니에요. 잠깐 지금의 대한민국과 비교해 보죠. 서울에는 대통령이 일을 하는 집무실이 있습니다. 그리고 대통령의 지시를 받은 각 부서들, 예를 들어 교육부, 외교부, 국토부 등은 과천, 대전, 세종시 등에서 일을 해요. 하지만 조선시대에는 정부 기관이 지금처럼 전국에 흩어져 있지 않고 왕이 사는 궁궐 안팎에 있었습니다. 그러니 궁궐은 규모도 크고 중요한 공간이었습니다.

청와대와 세종시 정부종합청사

"와! 이건 집이 아니라 궁전이네 궁전! 완전 대궐이야!"

우리는 크고 화려한 집을 보면 '궁전'이란 단어를 씁니다. '궁전宮殿'이란 한자로 임금님과 그 가족들이 사는 큰 집이란 뜻이 있어요. 궁궐 내에는 이런 큰

궁궐은 '궁'과 건물을 둘러싸고 있는 담의 '궐'을 합친 말이다.

집, 즉 궁전이 많이 있습니다. 이 궁전 중에 특히 한가운데 위치한 궁전을 무엇이라 부를까요? 한자로 '가운데 중中'을 써서 '중궁전'이라고 합니다. 이곳에 사는 마마가 바로 "중전마마 납시오!"의 중전입니다. 그럼 중궁전 뒤에 있는 궁전은 뭘까요? 한자로 '뒤 후後'를 써서 후궁전입니다.

그리고 집이 있으면 담이 있어야겠죠? 궁전을 둘러싸고 있는 높은 담을 한자로 '궐闕'이라 합니다. 그러니까 '궁궐'이란 '궁전'과 '궐'을 합친 단어라고 생각하면 됩니다.

500여 년 전 어느 날 밤, 경복궁을 지키는 대장은 부하에게 이렇게 명령을 합니다.

"근래 분위기가 심상치 않으니 이런 때일수록 궐내 경계에 빈틈이 없도록 해야 해. 알겠느냐?"

여기서 '궐내'의 '궐'은 궁궐 전체를 의미하는 말이겠지만, 앞서 말한 것처럼 궁전을 둘러싼 담장을 잘 지켜야 한다는 뜻도 있겠지요.

임금은 한 명인데 궁궐은 왜 여러 개일까?

지금 서울의 지도를 보면 경복궁, 창덕궁, 창경궁, 덕수궁, 그리고 경희궁까지 무려 5곳의 궁궐이 존재합니다. 그런데 참 이상하지요? 어느 시대든 임금은 한 명인데, 왜 궁궐은 다섯 개나 될까요?

분명히 임금님은 한 명입니다. 그런데 한 나라 최고 통치자의 공간이 단 하나뿐이라면 왠지 불안하지 않을까요? 아무리 궁궐이라도 전염병이나 화재 등이 날 수도 있으니까요.

"전하, 지금 이곳 경복궁에 전염병 환자가 늘어가고 있사옵니다. 전하의 옥체가 염려되오니 가능하면 빨리 다른 궁궐로 옮기심이 좋을 듯하옵니다."

"알겠소. 이번에는 어느 궁궐로 옮기는 것이 좋겠소?"

"창덕궁이 좋을 듯하나 창덕궁 역시 그 규모가 상당하오니, 이렇게 전염병이 유행할 때는 규모가 작은 경희궁이 더 좋을 듯합니다. 허락하여 주시옵소서."

"알았소. 그리하오."

그래서 궁궐은 반드시 두 곳, 즉 임금이 있는 궁궐과 보조 궁궐을 갖추게 된 것입니다. 이때 임금이 주로 머무는 궁궐을 '법궁法宮'이라 하고, 보조 궁궐을 '이궁離宮'이라 부릅니다. 조선 초기에는 법궁인 경복궁과 이궁인 창덕궁만 있었지만, 시간이 지나면서 창경궁, 경희궁, 덕수궁까지 조금씩 수가 늘어 지금의 5대 궁궐이 된 것입니다.

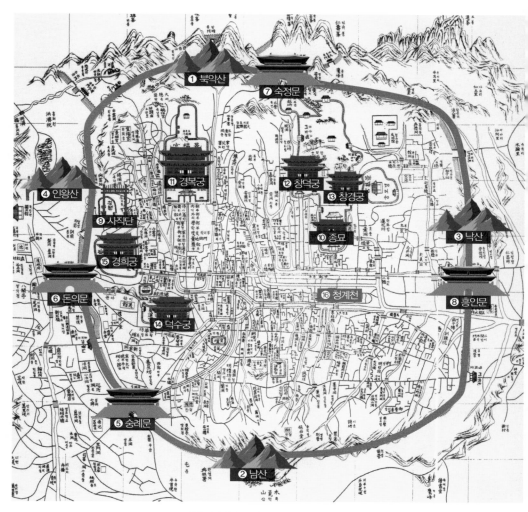

① 북악산
⑦ 숙정문
④ 인왕산
⑪ 경복궁
⑫ 창덕궁
⑬ 창경궁
⑨ 사직단
③ 낙산
⑩ 종묘
⑮ 경희궁
⑯ 청계천
⑥ 돈의문
⑧ 흥인문
⑭ 덕수궁
⑤ 숭례문
② 남산

조선 후기의 한양을 한눈에 볼 수 있는 〈수선전도〉

서울의 4대문, 5대 궁궐 그리고 종묘사직

"새로운 수도의 성곽 공사는 잘 되고 있느냐?"

"모든 것이 순조롭게 진행되어 조만간 완공될 예정이옵니다."

지금으로부터 600여 년 전 조선왕조가 시작되면서 기존 고려의 수도 개성에서 오늘날 서울인 한양으로 수도를 옮겼습니다. 지금의 서울은 규모 면에서 세계적인 도시가 되었지만, 당시만 해도 현재 서울 중심부 정도의 면적으로 규모가 아주 작았어요.

태조의 명을 받은 신하들은 북쪽의 ①북악산, 남쪽의 ②남산, 동쪽의 ③낙산, 서쪽의 ④인왕산을 연결하는 성곽을 쌓고, 동서남북에 각각 대문을 설치합니다. 남대문은 ⑤숭례문崇禮門, 서대문은 ⑥돈의문敦義門, 북대문은 ⑦숙정문肅靖門, 동대문은 ⑧흥인문興仁門이라 불렀죠. 특히 숭례문은 1396년 만들어진 이후 원형이 보존되다가 2008년 화재 이후 복원한 서울의 상징적인 건축물입니다. 이렇게 성곽이 만들어지면서 '한양'이라는 말보다 '한성'이라는 말로 불리게 되었고, 한성은 '경성'으로, 그리고 오늘날 '서울'로 이름이 바뀌었습니다.

조선왕조의 백성은 대부분 농사를 짓는 농부였습니다. 그러니 임금은 풍년을 위해 땅의 신과 곡식의 신에게 제사를 지내게 되는데, 바로 이곳이 ⑨사직단이에요. '사직社稷'이란 한자로 '토지와 오곡의 신'이란 뜻이 있습니다.

⑩종묘는 역대 임금과 왕비에게 제사를 지내는 왕실 사당으로, 왕실에서 가장 중요하게 여기는 장소입니다.

⑪경복궁은 현재 우리나라에서 가장 넓은 도로라는 세종로 끝 광화문에 있습니다. 원래는 현재의 청와대 자리까지가 경복궁 영역이었으나 일제에 의해 축소되었고, 그 자리에 현재의 청와대가 들어선 거지요. 비록 많은 부분이 왜곡

되고 없어졌지만 경복궁은 여전히 조선을 상징하는 궁궐입니다. 특히 우리 조상들은 집터를 볼 때 바로 뒤에 산이 있고 집 앞쪽으로 물이 흐르는 곳을 명당으로 쳤는데, 경복궁은 서울을 살며시 품고 있는 북악산을 뒤로하고 앞쪽으로는 ⑯청계천이 흐르는 가장 좋은 터에 위치해 있습니다.

경복궁을 기준으로 동쪽에는 '동궐東闕'이라 불렸던 ⑫창덕궁과 ⑬창경궁이 있습니다. 창덕궁은 화재나 전염병 등의 응급 사태에 대비해 만든 경복궁의 보조 궁궐이었으나, 임진왜란 때 경복궁이 불탄 이후 사실상 조선의 법궁으로 많은 임금의 사랑을 받았던 궁궐입니다. 창경궁은 왕실 가족 수가 늘면서 그들의 생활 공간으로 만들어진 궁궐입니다. 원래 창덕궁과 창경궁 그리고 종묘는 모두 한 울타리 안에 있었던 공간이에요. 일제강점기에 일본인들은 그 사이에 차도를 만들어 종묘를 분리해 버렸는데, 다행히 얼마 전 복원 공사를 통해 다시 하나가 되었습니다.

덕수궁 돌담길로 잘 알려진 덕수궁의 원래 이름은 경운궁입니다. 일제강점기에 경운궁에서 ⑭덕수궁으로 이름이 바뀐 것입니다. 덕수궁은 광화문에서 남쪽으로 지금의 서울시청 바로 옆 정동에 위치하고 있습니다. 경희궁과 가까운 위치에 있으면서 슬펐던 일제강점기를 끝까지 지켜본 궁궐이기도 합니다.

창덕궁, 창경궁이 경복궁의 동쪽에 있어 '동궐'이라 불렸다면, 경복궁 서쪽에는 '서궐西闕'이라 불리는 ⑮경희궁이 있습니다. 현재 광화문 네거리에서 서대문 방향으로 조금만 걷다 보면 서울역사박물관 옆에 위치해 있습니다. 그러나 경희궁은 궁궐이라 말하기조차 민망할 정도로 많이 훼손되었습니다. 정문인 흥화문도 원래의 위치를 지키지 못하고 엉뚱한 곳으로 옮겨져 있습니다. 원래 흥화문이 있어야 할 위치에는 현대식 건물이 세워져 있습니다.

지금까지 여러분은 조선시대 한양의 울타리였던 도성과 4대문, 그리고 그 안에 있었던 5대 궁궐과 종묘 사직의 위치를 살펴보았습니다.

궁궐의 구조 살펴보기

자, 이제 그럼 쏭내관과 함께 좀 더 자세히 우리 궁궐 안으로 들어가볼까요?

1392년 조선을 건국한 태조 이성계는 한양을 서울로 정하고 궁궐 공사를 준비합니다. 신하들은 왕명에 의해 북악산 밑 지금의 경복궁 자리를 궁궐 터로 잡고 설계도를 그립니다. 우선 궁궐 정문의 위치를 잡고 동서남북의 '궐', 즉 담을 정해 궁궐의 영역을 표시합니다. 또한 동서남북에 출입문을 정하고 개천을 흐르게 합니다. 그리고 임금이 일할 공간인 외전 영역을 표시한 후, 외전 뒤에는 임금과 왕실 가족이 생활할 내전 영역을 그립니다. 이어서 궁궐의 오른편으로 세자가 생활하고 일을 하는 동궁을, 서쪽으로는 각 행정 부서들이 들어설 구역으로 지정합니다. 마지막으로 궁궐 뒤쪽으로는 왕실 가족들이 휴식을 취할 수 있는 후원 영역을 표시합니다.

외전 영역

임금이 신하들과 나랏일을 보는 공간이자 국가 행사가 열리는 공적인 공간을 '외전'이라 합니다. 임금은 이곳에서 한 나라의 최고 책임자이자 관리자로서 일합니다. 자, 외전을 자세히 들여다볼까요? '외전'은 '정전'과 '편전' 그리고 '궐내각사'로 나뉩니다.

후원 영역

내전 영역

후궁전

대비전

중궁전

대전

동궁전

궐내각사

편전

정전

외전 영역

조선 궁궐의 구조

• **정전** : 정전은 법전이라고도 하는데, 궁궐 건물 중 가장 크고 중요한 건물입니다. 임금은 신하들과 함께 이곳에서 아침 조회 또는 즉위식 등 큰 행사를 거행합니다. 정전은 앞에 넓은 마당이 있고 그 마당은 회랑이라는 담으로 둘러싸여 있습니다. 이곳을 조정이라 부릅니다. 정전은 그 궁궐의 상징적인 건물로 경복궁의 근정전, 창덕궁의 인정전, 창경궁의 명정전, 덕수궁의 중화전이 이에 속합니다.

• **편전** : 편전은 임금의 사무실입니다. 임금은 매일 편전에 나와 신하들과 함께 보고받고 토론을 하고 결정을 합니다. 편전 건물은 보통 정전 바로 뒤에 위치하는 것이 일반적이지만, 창덕궁 같은 곳은 지형적 특성상 편전이 법전 오른쪽에 위치하기도 합니다. 경복궁의 사정전, 창덕궁의 선정전, 창경궁의 문정전이 대표적인 편전입니다.

• **궐내각사** : 현재 세종시의 정부종합청사를 가보면 문화체육관광부, 농림축산식품부 등 많은 부서들이 있죠? 조선시대에도 마찬가지였어요. 관청은 한자로 '사司'라고 쓰는데, **궁궐 내**에 **각**각의 **사**(관청)들이 있다고 해서 이곳을 '궐내각사'라고 불렀습니다. 그리고 궁궐 밖의 관청은 '궐외각사'라고 했지요. 그렇다면 궐내각사에는 어떤 기관들이 있었을까요? 영의정 등이 중요한 회의를 열었던 빈청, 임금의 비서실인 승정원, 허준이 근무했던 내의원, 임금님의 음식을 담당했던 사옹원 등 정말 많은 관청들이 이곳에 있었습니다.

내전 영역

　　　　　　임금이 일을 한 곳이 외전이라면 왕비와 함께 생활을 하는 곳은 내전입니다. 내전에는 임금님이 주무시는 대전과 왕비의 공간 중궁전, 임금의 어머니나 할머니께서 머무시는 대비전, 세자가 생활하는 동궁전 등 많은 건물이 있습니다.

• **대전** : 직장에서 일을 마치면 집으로 귀가하듯 임금 역시 고된 하루 일이 끝나면 퇴근을 하겠죠? 바로 궁궐 내 임금의 집을 대전이라고 해요. 그러나 임금은 왕비와 따로 생활을 합니다. 경복궁의 강녕전, 창덕궁의 희정당, 덕수궁의 함녕전 등이 대표적인 대전입니다.

• **중궁전** : 중궁전은 말 그대로 가운데 있는 궁전이죠. 궁궐의 가장 중심부이며 가장 깊숙한 곳에 위치합니다. '구중궁궐九重宮闕'이란 단어를 들어본 적 있나요? 아홉 개의 문으로 겹겹이 둘러싸인 궁궐을 의미하는 단어인데, 어쩌면 중전마마의 집인 중궁전을 의미할지도 모르겠네요. 경복궁의 교태전, 창덕궁의 대조전, 창경궁의 통명전 등이 잘 알려진 중궁전입니다.

• **동궁전** : 동궁은 세자의 생활 공간을 말합니다. 이미 떠올라 있는 태양이 왕이라면 앞으로 왕이 될 사람은 세자죠. 태양은 동쪽에서 떠오르니 궁궐의 동쪽에는 세자의 공간이 조성됩니다. 이제 동궁의 '동東'자가 무슨 의미인지 알 수 있겠지요? 동궁 내에는 세자와 세자빈의 생활 공간은 물론이고 세자가 공부하는 공간 그리고 임금 수업을 받는 공간 등이 있습니다. 대표적인 건물로는 경복궁의 자선당과 비현각, 창덕궁의 성정각 등이 있습니다.

후원 영역

후원은 궁궐 내 왕실 가족의 휴식 공간이지만 때로는 외국 사신이 왔을 때 잔치를 베푸는 장소로, 때로는 과거시험 장소로, 때로는 임금이 직접 군사 훈련을 지휘하는 장소로 사용됩니다.

• **후원** : 임금은 평생을 궁궐에서 지냅니다. 궁궐에서 태어나고 궁궐에서 생활하다 궁궐에서 생을 마감합니다. 생각해 보세요. 여러분이 임금이라면 얼마나 답답할까요? 아마도 가끔은 일에서 해방되고 싶기도 하겠죠? 그래서 이런 임금과 왕실 가족을 위해 궁궐 뒤쪽으로는 후원이라는 휴식 공간이 존재합니다. 후원은 숲속에 정자와 작은 연못 등으로 조성되어 있으며, 임금이 직접 논농사를 체험할 수 있는 작은 논이 있기도 해요.

후원

대비전

대전 중궁전

후궁전

정전

편전

창경궁 정문

궐내각사

200년 전 창덕궁과 창경궁이 그려진 동궐도. 왼쪽이 창덕궁, 오른쪽이 창경궁 영역이다. (고려대학교박물관)

궁궐의 건물은 어떻게 지어졌을까?

지금까지 어떤 건물이 궁궐에 있는지 살펴보았다면, 이제 조금 더 들어가 궁궐 건물 자체를 살펴볼게요. 궁궐 건물은 그냥 보면 다 똑같고 재미가 없지만, 조금만 알면 "와!"라는 감탄사가 나옵니다. 자, 그럼 자세히 들여다볼까요?

우선 터를 닦고 건물을 받치는 ①기단이 있습니다. 그리고 그 기단의 넓이가 건물보다 앞쪽으로 나와 마치 무대와 같은 역할을 하는 ②월대가 있습니다. 월대는 보통 중요한 기능을 하는 건물에 설치합니다. 예를 들어 임금이 주무시는 침전인 경복궁의 강녕전 같은 곳이 대표적인 예지요.

월대 위에 건물을 올리기 위해서는 기둥을 세워야 하는데, 그 기둥을 받치

창경궁 문정전으로 보는 궁궐 건물의 구조

는 돌을 ③주춧돌이라고 합니다.

또 기둥과 기둥 사이를 전통적으로 ④간이라 하는데, 간은 건물의 규모를 측정하는 단위입니다. 예를 들어 사진 속 문정전을 볼까요? 앞쪽은 3간, 옆쪽 도 3간, 그럼 이 건물의 크기는 3×3=9간이 됩니다.

기둥을 세웠다면 이제 지붕을 덮습니다. 그 사이에는 지붕의 기와 무게를 지탱해 줄 수많은 작은 나무들을 걸치는데, 이것을 ⑤서까래라 부릅니다.

서까래를 얹고 지붕을 덮으면 앞쪽 지붕 면과 뒤쪽 지붕 면이 만나는 부분이 생기는데, 이것을 ⑥용마루라 합니다. 용마루는 보통 하얀색으로 칠을 합니다.

또한 지붕 끝에는 작은 조각상들이 있는데 이를 ⑦잡상이라고 부릅니다. 잡상은 건물의 수호신인데, 요즘으로 비유하면 일종의 경비원 역할이라고 할 수 있죠.

궁궐 내 각각의 건물에는 근정전, 경회루, 향원정 등과 같은 고유의 이름표 가 붙어 있는데, 이를 '현판' 또는 ⑧편액이라고 합니다.

건물의 이름표, 편액

건물의 이름표인 편액을 잘 보면 그 건물을 사용했던 사람들 의 신분과 건물의 기능 등을 알 수 있습니다.

'건물이면 똑같은 건물이지 건물에도 신분이 있나?' 하는 생각이 들 수도 있 을 겁니다. 하지만 궁궐은 다양한 신분의 사람들이 공존하는 거대한 공간이에 요. 당연히 그들이 사용하는 건물 역시 어느 정도의 지위가 매겨지게 되지요. 물론 예외적인 경우도 있지만 전반적으로 건물 이름의 마지막 글자를 보면 그 건물이 어느 정도 위치의 사람들이 사용하고, 또 어떤 기능을 하는지 알 수 있답니다.

편액에 적힌 건물 이름의 마지막 글자를 순서대로 배열해 보면 '전·당·합·각·재·헌·루·정'순으로 정리가 됩니다.

그럼 '전殿과 당堂'부터 알아볼까요?

○○전, ○○당으로 끝나는 건물이 있다면 이는 왕을 비롯해 왕실의 어른 또는 직계 가족들이 지내는 공간이라 생각하면 됩니다. 규모도 다른 건물에 비해 무척 크지요. 경복궁의 정전인 근정전, 임금의 생활 공간인 강녕전, 대비전인 자경전, 동궁전인 자선당 등이 이에 속합니다.

'합閤'과 '각閣'은 보통 '전'이나 '당'의 부속 건물로 사용되는데, 때로는 독립적인 기능의 건물로 사용되기도 합니다. 왕실도서관 격인 규장각이나 경복궁

경복궁 근정전

창덕궁 희정당

경복궁 곤녕합

창덕궁 규장각

경복궁 집옥재

창덕궁 흥복헌   경복궁 청연루

곤녕합 등이 여기에 속합니다.

　'재齋'와 '헌軒'은 생활 공간이거나
독서를 하는 사색 공간입니다. 창덕궁
대조전의 부속 건물인 흥복헌과 고종
의 서재로 사용되었던 집옥재가 대표
적인 건물이라 할 수 있습니다.

　'누樓'는 경복궁의 경회루를 생각
하면 쉽습니다. 1층은 기둥, 2층은 마
루로 된 형식으로 주로 휴식을 취하
기 위한 목적으로 지어졌지요. 경복궁
의 대비전인 자경전 내에 '청연루'와
창덕궁 내 세자의 휴식 공간인 '승화
루'가 있습니다.

창덕궁 후원 부용정

　마지막으로 '정亭'으로 끝나는 건물입니다. 글자 그대로 우리가 잘 아는 정

자를 말해요. 경복궁의 향원정, 창덕궁 부용정 등이 이에 속합니다.

종류도 많은 궁궐의 문

　　　　　문은 건물로 들어가는 입구입니다. 그런데 궁궐의 문은 다 같은 문이 아니에요. 자세히 보면 그 모양이 조금씩 다릅니다.

　우선 가장 큰 규모의 문은 ①솟을대문입니다. 보통 양반집에서도 많이 사용하죠. 가마나 말을 타고도 들어갈 수 있어야 하기 때문에 주변 담보다 높고, 그 모습이 불쑥 솟아 있다 해서 솟을대문이라고 합니다. 창덕궁 선정전의 대문인 선정문을 보면 잘 알 수 있습니다. 반면 인정전을 둘러싼 행각에는 숭범문이라는 보조문이 있죠. 이렇게 행랑을 뚫어 같은 지붕 아래 만든 대문을 ②평대문이라고 합니다.

　또한 벽돌을 쌓아 둥근 아치 형태(무지개 모양)로 만든 문을 ③홍예문이라고 하는데, 경복궁의 정문인 광화문이나 북쪽에 작게 만들어진 광무문 등을 보면 정확히 그 형태를 알 수 있습니다. 그 외에도 대문 바로 옆 보조문인 ④쪽문, 방과 방 사이 또는 건물과 건물 사이에 낸 ⑤샛문 등이 있습니다.

다양한 형태의 지붕

　　　　　궁궐 건물의 지붕은 대부분 기와지붕입니다. 이건 누구나 다 아는 사실이지요? 하지만 지붕 역시 문처럼 들여다 보면 그 형태가 조금씩 다르다는 걸 알 수 있습니다. 예를 들어, 창덕궁 후원 어수문의 지붕을 볼까요? 옆모습이 삼각형입니다. 이렇게 지붕의 옆면이 삼각형을 이루면 ①우진각지

① 솟을대문(창덕궁 선정전의 선정문) ⋮

② 평대문(창덕궁 인정전의 숭범문) ⋯▶

③ 홍예문(경복궁 북쪽 광무문) ⋮

④ 쪽문(후원 연경당)

⑤ 샛문(경복궁 교태전)

① 후원 어수문의 우진각지붕 ⋮

② 후원 폄우사의 맞배지붕 ⋮

③ 경복궁 수정전의 팔작지붕 ⋮

④ 후원 애련정의 사모지붕 ⋯→

⑤ 경복궁 향원정의
　육모지붕 ⋯→

붕이라고 합니다. 또 창덕궁 후원의 폄우사 지붕처럼 지붕의 앞뒤만 있고 옆은 터져 있는 형태를 ②맞배지붕이라 하고요.

③팔작지붕이란 가장 일반적으로 볼 수 있는 궁궐 건물의 지붕인데, 경복궁 수정전이 이런 형태를 띱니다. 그 밖에 정자에 많이 쓰이는 네 면으로 된 ④사 모지붕, 여섯 면으로 된 ⑤육모지붕이 있습니다. 창덕궁 후원의 애련정이 사모 지붕, 경복궁의 향원정이 대표적인 육모지붕이지요.

궁궐 기와의 아름다움

기와는 지붕을 덮는 건축 자재입니다. 우리나라의 전통 기와 는 삼국시대부터 쓰이기 시작했다고 합니다. 기와는 비를 막는 방수 역할과 장 식 역할을 하는데, 보통은 점토 즉 찰흙을 구워 만들지요.

기와는 남자와 여자를 상징하는 암수라는 단어를 붙여 구분하는데, 튀어나

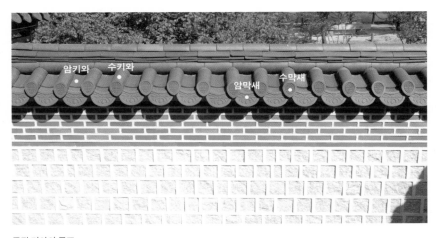

궁궐 기와의 구조

와 있는 부분을 수키와, 들어간 부분을 암키와라고 부릅니다. 또한 이렇게 쌓은 기와의 맨 끝부분은 '막새'라는 기와로 마무리를 합니다. 물론 암키와의 끝부분은 암막새로, 수키와의 끝부분은 수막새로 마무리를 하죠. 앞으로 궁궐을 답사할 때는 우리 궁궐 기와의 아름다운 곡선을 감상하는 것도 잊지 마세요.

잡상, 그리고 지붕을 아름답게 만드는 장식

　　　　　　　궁궐 지붕을 보면 한 가지 궁금증이 생깁니다. 바로 지붕 위의 조각상들입니다. 무엇인지는 모르겠으나 이것이 없는 건물은 거의 없어요. 그 '무엇'이 바로 '잡상'입니다. 예외도 있지만 보통 중요하고 의미가 있는 건물일 경우 이 잡상의 숫자가 많은 편입니다.

　경복궁의 근정전에는 7개의 잡상이 있고, 경회루에는 무려 11개의 잡상이 있습니다. 잡상은 생긴 것이 짐승 같기도 하고 어떻게 보면 도깨비 같기도 하지요. 삼장법사, 손오공, 저팔계, 사오정 등이 대표적인 잡상입니다. 이들은 장식적인 효과뿐만 아니라 잡귀 등이 접근하지 못하도록, 그러니까 건물을 지키

지붕 위의 장식들

는 수호신의 역할을 했던 거지요.

이외에도 지붕 맨 위 용마루 양쪽은 독수리 모양의 장식기와 '취두', 건물 합각 쪽을 장식한 '용두(용머리 모양)' 그리고 추녀 가장 끝부분을 감싸고 있는 '토수(용 또는 귀신 얼굴의 형상)' 등이 있습니다.

동그라미와 네모의 상징

건물의 기둥이나 연못의 모양 등에서는 많은 공통점이 발견되는데, 그중에서 동그라미와 네모 모양이 많다는 것이 특징입니다. 이는 분명히 이유가 있겠지요?

우리 조상들은 동그라미를 하늘(天), 네모는 땅(地) 그리고 팔각 모양은 사람(人)을 상징한다고 믿었어요. 그래서 이 천지인은 우리가 사는 우주 전체를 의미하기도 하죠. 그럼 궁궐 안에 우리 조상님들은 어떤 형태로 우주를 표현했는지 한번 살펴볼까요?

경복궁 경회루의 돌기둥을 보면 네모와 원 모양이 조화되어 있고, 경복궁 근정전 회랑의 주춧돌 역시 원과 네모가 조화를 이룹니다. 창덕궁 후원의 연못인 부용지 모양 역시 하늘에서 보면 네모난 연못에 둥근 섬이 있어 작은 우주를 연상하게 만들었습니다. 또 덕수궁의 정전인 중화전 앞에 놓인 향로처럼 생긴 그릇의 받침을 보세요. 역시 네모, 팔각, 그리고 원으로 되어 있죠? 이렇듯 별것 아닌 것 같은 돌 모양 하나에도 여러 의미를 담고 있는 곳이 바로 우리 궁궐입니다.

경복궁 근정전 회랑 기둥 주춧돌(바깥쪽은 원형, 안쪽은 네모)

덕수궁 중화전 앞 정을 받치는 기단
(원과 팔각, 네모로 구성)

창덕궁 후원 부용지(연못은 네모, 가운데 섬은 원형)

기단 쌓기와 서까래의 비밀

대부분의 궁궐 건물들은 지을 때 터를 다진 후 그곳에 돌을 쌓아 그 위에 기둥을 세웁니다. 이렇게 건물의 기초가 되는 돌을 '기단'이라고 합니다. 일반 건물의 경우 3~5개 층 정도의 돌을 쌓아 그곳에 기둥을 세우는데, 그 기단 위에 아무리 무거운 것을 올려놓아도 절대 무너지지 않는다고 합니다. 그 이유는 무엇일까요? 바로 '들여쌓기' 공법 때문입니다.

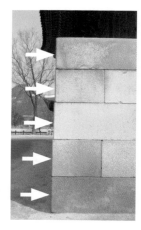

들여쌓기(경복궁 수정전 기단)

기단의 측면을 잘 보세요. 하나씩 쌓을 때마다 조금씩 안쪽으로 들어가 있습니다. 마치 피라미드식으로요. 멀리 떨어져 보면 곧게 쌓아 올려진 듯 보이지만 자세히 보면 조금씩 안쪽으로 들어가 쌓여 있지요?

또 하나 눈여겨볼 것이 바로 서까래입니다. 건물의 지붕을 받치는 작은 기둥 역할을 하는 서까래를 잘 보면 앞쪽으로 갈수록 얇아지는 것을 볼 수 있어

서까래(바깥쪽이 살짝 얇아진다)

요. 여기엔 원근법의 원리가 적용됩니다. 가까운 물체는 크게 보이고 멀리 있는 물체는 작게 보이기 마련이지요. 만약 정면에서 서까래를 봤다고 생각해 볼까요? 분명히 앞쪽이 많이 커 보이고 뒤쪽은 작아 보일 겁니다. 그러나 앞쪽을 약간 작게 만들어준다면 앞뒤의 원근 폭이 작아져 더 자연스럽게 보일 수 있겠지요. 그래서 앞쪽을 조금 깎아주어 작게 만드는 거예요.

봉황이 날개를 펼친 듯한 지붕

중국의 자금성을 본 적 있나요? 특히 정전인 태화전은 자금성의 건물 중 가장 크고 화려한 건물입니다. 우리네 경복궁의 근정전과 같은 기능을 하는 곳이죠. 규모는 우리와 비교할 수 없을 만큼 큽니다.

그런데 자금성의 태화전을 보고 있으면 무거운 무언가가 짓누른듯 좀 답답

자금성 태화전

경복궁 근정전

한 느낌이 듭니다. 반면 근정전의 지붕은 마치 봉황이 날개를 펼친 듯 그 모습이 생동감 있으면서 장엄합니다. 두 건물의 가장 큰 차이점은 처마 끝의 곡선에 있습니다. 끝까지 수평을 이루는 태화전에 비해 양쪽 끝이 살짝 올라간 근정전이 작지만 웅장해 보이는 이유입니다.

궁궐에 잔디와 불상이?

궁궐을 돌아다니다 보면 궁궐 건물이 차지하는 공간만큼이나 잔디밭이 많습니다. 특히 창경궁과 덕수궁에는 건물 사이에 잔디밭이 있는 것이 아니라 잔디밭 사이에 건물이 있는 것 같은 느낌을 받을 정도로 잔디가 넓게 깔렸습니다.

요즘이야 집안 정원을 만들 때 잔디를 심는 것이 일반적이지만 조선시대만

궁궐 내 잔디밭은 그 자리에 궁궐 건물이 있었다는 증거이다(창경궁).

창경궁 내에 있는 불탑. 아직도 궁궐 내에는 불교 유물이 남아 있다.

해도 잔디는 집안 조경보다는 주로 무덤을 덮는 데 사용했다고 해요. 그럼 지금 궁궐에는 왜 이렇게 잔디밭이 많을까요?

그 이유는 일제강점기에 우리 궁궐 건물이 대부분 헐리고 팔려나갔기 때문이에요. 일본인들은 그 빈터를 잔디로 덮어버립니다. 공원처럼 만든 거죠. 우리 입장에서는 건물이 사라지고 그 자리에 무덤을 덮는 잔디가 깔린 것이니 마치 궁궐의 무덤 같은 느낌인 겁니다. 너무 안타깝고 슬픈 일이죠?

그리고 또 한 가지! 지금이야 거의 사라졌지만 아직도 창경궁에는 절에 있어야 할 불탑이 그대로 전시되어 있어요. 조선왕조는 불교를 멀리하고 유교를 중심으로 한 나라였죠. 그런데 궁궐에 불탑이 있다는 건 말이 안 되죠? 이것도 일제강점기에 일본인들이 우리 궁궐을 공원으로 만들면서 절에서 가져온 불탑이라고 합니다.

처마 밑 그물과 오지창

근정전처럼 큰 건물을 보면서 사람들은 이런 말을 해요. "어머, 저기 그물이 있네? 궁궐 건물은 문화재니까 보호하려고 이렇게 해놓은 건가?"

사실 이 그물은 조선시대부터 있었어요. 옛날 사람들은 이 쇠그물을 '부시'라고 불렀어요. 한자로는 그물 부(罘), 가리개 시(罳)로 '그물로 가린다'는 뜻이에요. 부시는 새로부터 건물을 보호하기 위해 설치한 쇠그물이에요. 까치나 비둘기 등이 건물에 앉거나 둥지를 틀면 똥을 쌀 것이고 이 똥은 건물을 더럽힐 수 있지요. 게다가 새똥은 강한 산성이라 나무에 좋지 않겠죠.

한번 상상해 보세요. "주상 전하 납시오!" 하며 임금님께서 아주 근엄한 얼

부시(새들이 앉지 못하게 친 그물)

오지창(새들이 앉지 못하게 만든 쇠침)

굴로 문밖으로 나오는 순간, 갑자기 지붕 아래 앉아 있던 비둘기가 똥을 싼다면? 상상조차 할 수 없겠죠? 그래서 중요한 건물 지붕 아래에는 쇠그물이 설치되어 있는 거예요. 하지만 쇠그물은 만드는 데는 돈이 많이 들었어요. 그리고 쇠그물을 모든 건물과 담에 두르면 보기에도 좋지 않겠죠? 그래서 큰 건물을 제외한 곳에는 창 모양의 침을 박아 새가 아예 앉지 못하도록 한 겁니다.

근정전 회랑과 박석 보기

근정전 앞쪽에는 넓은 앞마당이 있고, 동서남북은 회랑이 둘러싸고 있습니다. 얼핏 회랑을 보면 마치 평지 위에 세워진 것처럼 보이지만 앞마당은 남북의 경사가 1미터에 달한다고 해요. 남쪽으로 계속 낮아진 지형인 거죠. 하지만 동서 회랑을 보면 마치 수평처럼 보입니다. 그것은 착시현상을 이용해 기둥의 높이를 달리했기 때문이라고 합니다.

근정전 앞마당에 깔려 있는 돌의 모양을 한번 보세요. 이 돌을 박석이라고

근정전을 둘러싸고 있는 회랑과 근정전 앞마당 박석의 모습

해요. 박(薄)은 한자로 '얇다'라는 뜻으로 '얇은 돌'이란 의미죠. 중국 자금성 태화전 앞마당의 돌은 마치 기계로 자른 듯 네모반듯하고 표면이 매끈합니다. 그에 반해 근정전의 박석은 전혀 다듬지 않고 자연석 그대로 놓은 듯해요. 그 이유로 여러 말이 있는데 그중 하나는 햇빛을 여러 각도로 반사시키기 위함이라고 합니다. 햇빛이 아주 뜨거울 때 앞마당에 서 있는 신하들은 눈이 많이 부실 거예요. 그런데 표면이 울퉁불퉁하면 햇빛이 다양한 각도로 분산되어 눈부심을 덜 수 있었다는 거죠. 또 한 가지 전해지는 말로는 근엄한 근정전 앞마당에서 신하들이 쉽게 뛰어다니지 못하도록 하기 위함이라고 합니다. 바닥이 울퉁불퉁하면 아무래도 자유롭게 뛰어다니기가 쉽지 않을 테니까요. 이렇듯 근정전 앞마당의 돌들은 많은 이야기를 전해 주고 있습니다.

2장

궁궐의 역사는 조선의 역사이옵니다

경복궁, 창덕궁, 창경궁, 덕수궁 그리고 경희궁까지, 서울에는 조선시대 궁궐 다섯 곳이 있어요. 그럼 반드시 나오는 질문이 있어요.

"임금은 한 명인데 왜 궁궐은 다섯 군데나 될까?"

한마디로 궁궐의 역사는 조선의 역사예요. 궁궐이란 공간은 1395년 태조 이성계가 한양에 경복궁을 지은 이후 1989년 고종 황제의 딸인 덕혜옹주가 돌아가실 때까지 27명의 임금과 왕실 가족 그리고 수많은 신하들과 희로애락을 함께한 곳이죠. 이 기간 동안 때로는 새로 지어지고, 때로는 불에 타 없어지고, 때로는 강제로 헐리면서 현재의 다섯 궁궐로 남게 되었어요.

이제 저와 함께 궁궐의 역사 여행을 떠나볼까요?

조선 최고의 궁궐, 경복궁

태조 이성계는 조선왕조를 세우고 당시 고려의 수도였던 개성에서 다른 곳으로 수도를 이전하려고 했습니다. 많은 신하들의 반대와 다양한 의견이 있었지만, 결국 지금의 서울인 한양, 즉 한성으로 수도가 정해집니다. 그리고 가장 먼저 한 일은 다름 아닌 종묘와 궁궐을 짓는 일이었습니다. 그때가 1394년이고 이듬해인 1395년에 지금과 같은 큰 규모는 아니지만 새로운 나라 조선의 궁궐 경복궁이 완성됩니다.

1500년대 경복궁 전경

태조 이후 아들 태종과 손자 세종대왕으로 이어지면서 경복궁 안에는 더 많은 건물들이 세워졌고 경복궁은 조선의 법궁으로서 발전합니다.

일본인이 그렸을 것으로 추정되는 임진왜란 이전 경복궁의 모습

하지만 위기도 있었어요. 불행히도 명종 때인 1553년, 경복궁은 150년 만에 큰 화재로 인해 대부분의 건물이 잿더미로 변합니다. 다행히 다음 해인 1554년에 거의 모든 건물들이 복구되지만 경복궁의 우여곡절은 이게 전부가 아닙니다. 이후에도 궁궐의 운명을 바꾸는 여러 사건들이 있었지요. 특히 임진왜란은 매우 큰 사건이었습니다. 1592년 임진왜란이 발발하면서 경복궁은 완전히 불타버리는 운명을 맞게 됩니다.

조선의 건국과 함께 탄생한 경복궁

새로운 궁궐이 지어지자 태조 임금은 친히 잔치를 베풀었습니다. 당시 정도전은 "이제 새로운 시대, 새로운 수도가 만들어지고 궁궐 또한 생겼으니 이곳 한양이 영원히 복을 받길 바라옵니다."라고 말하며 '경복(景福)'이란 이름을 태조 임금에게 선물합니다. 그리고 그해 말 태조는 경복궁에서 힘차게 새나라 조선을 이끌어갑니다.

누가 경복궁을 불태웠을까?

"전하, 아뢰옵기 황송하오나 한양 바로 앞까지 왜군이 진격했다는 소식이옵니다. 이제 피난을 가셔야 할 듯하옵니다."

"아, 이를 어쩌면 좋단 말인가! 피난 외에는 방법이 없는가?"

"망극하옵니다. 전하!"

선조는 비가 오는 이른 새벽 급하게 궁궐을 떠날 채비를 합니다. 일행이 한양을 막 빠져 나가려고 하자 한 신하가 외칩니다.

"전하! 큰일났사옵니다. 저기를 보시옵소서!"

"아니 저곳은 경복궁 아닌가? 경복궁에 불이 났단 말인가!"

실제로 경복궁 쪽에서 연기가 나고 있었습니다.

"임금이 도망쳤다! 우리를 버리고 도망을 친 것이다! 이렇게 백성을 쉽게 버리는 저들이 어찌 왕족이란 말인가! 어서 궁궐로 쳐들어갑시다!!"

같은 시각, 선조의 피난 소식을 들은 백성들은 흥분된 상태로 경복궁에 들어가 모든 건물을 불태워버립니다.

위 이야기는 선조실록에 나오는 내용입니다. 그런데 이 실록 내용에는 이상한 점이 많습니다. 당시 일본군은 정말 잔인하다는 소문이 한양까지 알려진 상태였어요. 그런 일본군이 코앞까지 왔는데, 그 시간에 백성들이 도망을 가지 않고 경복궁에 불을 지르다니요. 그것도 비가 억수같이 내리는 날이었는데 말이죠.

그렇다면 당시 일본 측 기록은 어떨까요? 지금도 전쟁이 나면 총 대신 카메라를 들고 전쟁의 상황을 기록하는 군인이 있듯 옛날에도 전투를 기록하는 사람이 있었어요. 이 역할은 주로 스님들이 했지요.

선조가 도망치고 3일 후, 첫 번째 일본 부대가 한양에 도착했어요. 그런데 그들의 기록에는 이런 글귀가 적혀 있습니다.

"드디어 한양에 도착했다. 동대문을 통해 들어갔는데 이미 백성들은 피난을 떠나 도성이 텅 비어 있었다. 이윽고 조선의 국왕이 사는 궁궐에 도착했다. 궁궐 역시 텅 비어 있었는데 화려한 건물과 웅장한 성벽이 잘 어울려 무척 아름다웠다. 연못에 있는 큰 건물의 돌기둥에는 화려한 용 무늬가 조각되어 있었고 지붕에는 마치 유리처럼 빛나는 기와가 덮여 있었다. 또 어느 건물에 들어가니 좋은 향기가 진동을 했고 화려하게 장식된 거울과 가구들이 그대로 남아 있었다. 궁궐 곳곳에 기린, 봉황, 용, 호랑이 등의 그림이 그려져 있고, 다양한 조각상들이 있었다. 그 모습이 너무 아름다워서 이곳이 과연 용의 세상인지 신선의 세상인지 보통 사람으로는 도저히 분간할 수 없을 정도이다."

이 내용은 실제로 경복궁을 본 일본 사람이 적은 글이에요. 그들 눈에 경복궁은 무척 아름다운 궁궐이었나 봅니다. 여기서 중요한 것은 앞서 소개한 선조실록의 기록과 일본의 기록이 전혀 다르다는 거예요. 일본의 기록을 보면 최소한 이때까지 경복궁은 불타지 않은 상황이에요.

그 뒤로 두 번째 도착한 일본 부대의 기록 역시 같아요. 화려한 경복궁이 잘 묘사되어 있지요. 이후 세 번째 부대가 한양에 도착했는데, 그들은 "한양에 도착하고 보니 궁궐이란 궁궐은 모두 불타버렸다."라고 기록합니다. 그렇다면 두 번째 부대가 떠나고 세 번째 부대가 오기 전에 누군가 궁궐을 불태웠다는 의미예요. 당시 한양에 있던 조선 백성들은 모두 피난을 떠난 상태이니 두 번째 부대가 한양을 떠나며 궁궐을 모두 불태우지 않았을까 하는 합리적인 의심이 가능합니다. 아직까지도 임진왜란 당시 경복궁을 누가 불태웠는지 정확히 밝혀지지는 않았어요. 하지만 기록을 보면 일본인들에 의한 것임을 강하게 의심하지 않을 수 없지요.

전쟁이 끝나니 이제 폐허가 된 경복궁을 다시 지어야 합니다. 그런데 이때 이상한 소문이 나돌아요.

"경복궁 땅이 너무 불길하다. 만약 저곳에 궁궐을 지으면 또다시 전쟁이 터

정선의 〈경복궁도〉. 임진왜란 이후 폐허가 된 경복궁의 모습으로 주춧돌만 남은 경회루가 보인다.

질 것이다."

경복궁은 이런 소문 때문에 그냥 방치되는 운명에 처합니다. 그렇게 1년, 10년, 100년을 지나 무려 270여 년간 경복궁은 어느 누구도 관심을 갖지 않는 버려진 궁궐 터로 남게 되었습니다.

흥선대원군의 경복궁 재건

임진왜란 이후 방치되었던 조선의 법궁 경복궁은 고종의 아버지인 흥선대원군의 주도 아래 270여 년간의 긴 잠에서 깨어나 부활을 준비합니다.

궁궐을 짓기 위해서는 우리가 생각하는 것보다 훨씬 많은 노동력과 비용, 그리고 시간이 필요합니다. 요즘도 경복궁, 창덕궁 등의 복원 공사가 한창입니다만, 현대식 장비로 공사를 해도 시간이 만만치 않은데 모든 것을 수작업으로 했던 과거에는 얼마나 많은 노력이 필요했을까요?

무엇보다 돈이 문제였습니다. 상상을 초월할 만큼 많은 돈이 들어가는 경복궁 공사를 위해 많은 세금을 걷고 때로는 강제로 백성들을 불러 일을 시키기도 했습니다.

"다른 궁궐을 사용하면 될 텐데 왜 굳이 경복궁을 지으려고 저 난리지?"

그러니 당시 사람들의 불만이 얼마나 많았을까요? 그런데 왕의 생각은 달랐어요. 그래도 500년을 이어온 왕조인데 왕실의 상징인 경복궁이 무려 270여 년 동안 방치되어 있었잖아요. 그 점이 너무 안타까웠던 거죠. 그리고 결국 1867년 말에 거대한 경복궁 공사는 끝이 납니다.

고종 임금은 1868년 경복궁으로 옮기면서 감격하여 이렇게 이야기를 했다

고종 때 되살아난 경복궁의 웅장한 모습

고 합니다.

"드디어 내가 법궁인 경복궁으로 갈 수 있게 되었다. 지난 임진왜란 이후 무려 300여 년 동안 미처 하지 못했던 일을 이렇게 완공하니 기쁘고 다행한 마음을 어떻게 다 말할 수 있겠는가!"

비록 경복궁 공사에 많은 문제가 있었지만 그의 노력 덕에 영원히 사라져버릴지도 몰랐던 경복궁은 다시 살아나게 되었습니다. 지금 우리가 바라보는 경복궁은 당시 완공된 모습입니다.

경복궁에 저지른 일제의 만행

우여곡절 끝에 환생한 경복궁은 또다시 수난을 겪습니다. 바로 일본의 조선 침략이지요. 무슨 원한이 있기에 일본이란 나라는 그리도 우리 조선을 괴롭혔을까요? 불과 300여 년 전에 임진왜란을 일으키더니 또다시 그 시퍼런 칼날을 내세웁니다. 그들은 경복궁에 있는 고종을 위협하는 것은 물론 왕비를 살해하고 시신을 불태우는 짓까지 하게 됩니다.

일제는 노골적으로 조선의 주권을 빼앗으려 했고, 경복궁을 마치 자기네 안 방 드나들 듯 사용했습니다. 이러한 위협에 결국 고종은 밤에 몰래 경복궁을 나와 다른 곳으로 피난을 갑니다.

그 뒤 주인이 떠난 빈 궁궐 경복궁은 일제에 의해 철저하게 파괴됩니다. 정 문인 광화문은 옮겨졌고 그 주변에는 일본제국주의의 상징인 조선총독부 건물 이 들어섭니다. 궐을 부수고 길을 내기도 하고, 전국 사찰에서 빼앗아 온 불상

일제에 의해 훼손되고 있는 경복궁의 모습(조선총독부 건축 공사)

우리의 자존심 경복궁 근정전에 일장기가 걸렸다.

들을 전시하고, 세자가 살던 건물을 팔아버리고….

경복궁의 후원 역할을 했던 융문당, 융무당, 경농재, 경무대 등은 모두 팔려

갔으며, 심지어 최근 자료들을 보면 일본 정부는 경복궁에 골프장, 야외극장,

식당, 맥주회사, 분수, 은행, 우체국, 터널 등을 지으려 했다고 합니다. 이렇게

경복궁 건물의 90%가 일제강점기에 사라져버립니다.

아직도 복원 중인 우리 궁궐, 경복궁

그러나 이런 어두운 역사를 뒤로하고 경복궁은 찬란했던 모

습으로의 부활을 시작하고 있습니다. 광복 50주년을 맞이해 경복궁 내에 있었

던 조선총독부 건물이 철거되었고, 1990년부터 2010년까지 30여 년간 동궁

경복궁의 권역별 복원 과정

1990~1995	강녕전 교태전 영역
1994~1999	자선당 비현각 영역
1996~2001	영제교 흥례문 영역
2001~2005	태원전 영역
2003~2006	건청궁 영역
2006~2010	광화문 영역
2011~2019	소주방 흥복전 영역
2019~2023	향원정 계조당 영역

전을 포함한 침전 영역에서 정문인 광화문까지 총 89동의 건물 복원을 마친 상태입니다. 지금은 2011년 시작된 2차 정비 사업이 한창 진행 중인데, 복원 사업이 원활히 진행된다면 오는 2045년에 경복궁의 절반 가까이 되는 건물이

경복궁 광화문 복원 공사

제 모습을 찾게 될 것입니다.

고종 때 불과 몇 년 만에 이 넓은 경복궁을 완성한 것에 비하면 너무 오래 시간이 걸린다고 생각할 수도 있어요. 저도 이 점이 너무 안타까워요. 하지만 전국에는 경복궁 이외에도 수많은 문화재들이 있어요. 그러니 나라의 세금을 경복궁 복원에만 사용할 수는 없는 일이겠지요. 그래서 오랜 시간이 걸리더라도 천천히 원래의 모습으로 만들어가고 있는 거예요. 어쨌든 경복궁 복원은 일제에 의해 파괴된 우리 역사를 찾는 매우 중요한 일이에요. 하루빨리 웅장한 경복궁의 모습을 보았으면 좋겠습니다.

조선 후기의 정궁, 창덕궁

태조 임금이 조선을 건국할 당시만 해도 궁궐은 경복궁이 유일했습니다. 앞서 설명했지만 비상 사태를 대비해 궁궐은 반드시 두 곳 이상 있어야 합니다. 그러던 중 태조의 아들 태종 때 경복궁의 동쪽에 창덕궁이 완공됩니다.

초기 창덕궁은 경복궁을 보조하는 역할 정도로 작은 규모의 궁궐이었습니다. 그럼에도 창덕궁을 건설한 태종은 경복궁보다는 창덕궁에서 더 많은 시간을 지냈다고 합니다. 아무래도 자신의 시대에 만든 궁궐이니 정이 더 많이 가지 않았을까요?

그 뒤 창덕궁은 조금씩 규모를 늘려갑니다. 1406년에는 해온정과 광연루가 건축되었고, 1411년에는 금천교, 그리고 1412년엔 비로소 정문인 지금의 돈화문이 세워집니다.

임진왜란 이후의 법궁과 이궁

조금씩 쓰임새와 규모를 키워가던 창덕궁은 경복궁을 보조하면서 많은 임금과 왕실 가족들이 사랑하는 궁궐이 되어갔어요. 그러나 창덕궁 역시 왜군의 공격을 피할 수는 없었습니다. 임진왜란이 일어나고 모든 건물이 잿더미로 변해 버리죠. 다행히도 임진왜란이 끝난 후 1607년 창덕궁은 가장 먼

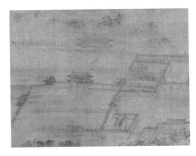

임진왜란 이전 창덕궁 모습

저 복원 공사가 시작되어 1611년 드디어 다시 제 모습을 갖추게 됩니다.

당시 임금이었던 광해군은 왜 법궁인 경복궁을 포기하고 보조 궁궐인 창덕궁을 먼저 지었을까요? 거기에는 여러 이유가 있지만 가장 큰 것은 경복궁의 터가 좋지 않다는 소문 때문이었습니다. 어쨌든 그 덕분에 창덕궁은 경복궁의 역할을 대신해 조선왕조의 법궁이 됩니다.

창덕궁의 수난

임진왜란 이후 270여 년 동안 조선왕조의 법궁으로서 역할을 했던 창덕궁은 '인조반정' 등의 사건과 크고 작은 화재로 수난을 겪게 됩니다. 그리고 그 시련은 일제강점기에 절정을 이룹니다.

일제는 여러 가지 명목으로 건물을 헐고 일본식으로 고쳤으며, 화재로 없어진 건물은 경복궁 건물 중 일부를 옮겨와 지었습니다.

건물을 지을 때는 그 주변 환경과 지형을 고려해 짓기 마련입니다. 경복궁

1917년 발생한 창덕궁 내 화재

과 창덕궁은 그 지형이 달라서 창덕궁 건물은 작고 아기자기한 반면 경복궁은 큰직한 건물들이 많습니다. 그런 경복궁 건물을 창덕궁으로 옮겼으니 마치 큰 어른이 어린아이가 타는 자전거에 앉아 있는 형상처럼 되어버렸죠. 이렇듯 창덕궁은 일제강점기를 거치면서 왜곡되고 헐려 그 위엄이 땅에 떨어져버립니다.

1926년 마지막 임금 순종은 창덕궁에서 돌아가십니다. 마지막 임금의 죽음은 곧 조선왕조의 끝을 의미하고, 이는 더 이상 궁궐의 주인이 없다는 얘기가 됩니다. 주인을 잃은 창덕궁과 창경궁은 조선왕조의 몰락과 함께 한낱 사람들의 휴식처인 공원으로 변하고 말지요.

창덕궁 역시 경복궁처럼 현재 복원 공사가 이루어지고 있습니다. 규장각, 내의원 등 창덕궁 내 신하들의 공간인 궐내각사 건물들이 제 모습을 갖추어가고 있고요. 인정전 앞마당의 잔디도 모두 제거하고 원래의 모습으로 만들었어요. 이런 노력 덕분에 창덕궁은 유네스코가 지정한 세계문화유산으로 등록되는 영광을 얻었습니다.

창덕궁 유네스코 세계문화유산 등재 기념비

치욕의 역사를 말해 주는 창경궁

'동궐東闕'은 경복궁 동쪽의 궁궐이라 하여 창덕궁과 창경궁을 의미합니다. 엄연히 두 개의 궁궐로 구분되지만, 한 울타리 안에 있는 형제 궁궐이라 할 수 있어요. 창덕궁이 정치적, 공적 역할을 하는 곳이라면, 창경궁은 주로 왕실 가족이 사는 생활 공간으로서의 기능을 해왔습니다.

창경궁은 조선왕조가 세워지고 시간이 좀 흐른 뒤 성종(태조-정종-태종-세종-문종-단종-세조-예종-성종) 대에 이르러 왕실 가족의 생활 공간으로 창덕궁 바로 옆에 지어졌습니다. 경복궁이 1395년에, 창덕궁이 1405년에 완공되었고, 1483년에는 창경궁이 완공되었으니, 경복궁이 지어진 뒤 100여 년 후에 만들어진 궁궐이네요.

창경궁도 창덕궁처럼 임진왜란 때 불타 없어졌지만, 1616년 광해군에 의해 다시 제 모습을 찾습니다. 물론 여러 사소한 사건들로 인해 많은 건물이 불에 타고 다시 지어지기를 반복했으나, 창경궁은 임진왜란 이후 조선왕조의 법궁인 창덕궁을 보조하면서 그 기능을 다합니다.

유원지로 전락한 창경궁

창경궁도 여느 궁궐처럼 일제강점기에 철저히 파괴됩니다. 그래도 다른 궁궐은 이름이나 보존하였지만 창경궁은 '창경원'이란 공원의 이름으로 바뀌면서 동물원과 식물원으로 전락합니다.

일제는 1907년 창경궁 남쪽 궐내각사 영역의 모든 건물을 헐어버리고 그곳에 원숭이, 코끼리, 호랑이 우리를 만들죠. 동물원이 된 겁니다. 이뿐만이 아닙

니다. 창경궁 후원에 있는 아기자기한
작은 연못들을 합쳐 거대한 호수로 만
들고 그 주변을 식물원으로 만들어요.
그리고 궁궐 곳곳에는 일본의 국화인
사쿠라(벚꽃)를 심었습니다.

창경궁 대비전에 세워진 일본 건물

1911년 4월 26일 창경궁에는 박물
관, 동물원, 식물원을 통합해 '창경원'이
란 치욕적인 이름이 붙습니다. '궁宮'이
란 왕이 가족들과 살면서 나랏일을 보
는 곳을 가리키는 말이고, '원苑'이란 울
타리를 쳐 동물을 키우는 곳을 말합니

동물원으로 변한 창경궁의 모습

창경궁 옥천교

다. 물론 일제는 아주 그럴 듯한 명분을 내세웠지요. "늘 걱정이 많으신 순종황제를 위해 동물원을 지었다"는 것입니다. 그렇게 속 모를 창경원의 밤 벚꽃놀이는 자연스럽게 우리 마음에서 황실을 멀어지게 만들었습니다.

일제는 조선을 식민지로 만들기 위해 많은 노력을 했습니다. 다른 식민지 국가보다 유독 저항이 심했던 조선이란 나라를 집어삼키기 위해 그들이 선택한 것은 바로 '궁궐의 공원화'였습니다. 궁궐을 공원으로 만들어 조선인들에게 임금을 존경하는 마음이 사라지도록 만들고 조금씩 관심에서 멀어지게 하는 일을 한 거예요. 너무나 화가 나는 내용입니다.

저 역시 어릴 적 창경원에 가서 원숭이와 코끼리를 보았고, 밤에는 가족과 함께 벚꽃놀이를 즐겼던 사진을 아직도 갖고 있습니다. 부끄럽지만 그때만 해도 치욕적인 역사를 스스로 즐기고 있었다는 생각은 미처 하지 못했습니다.

완전히 사라질 뻔한 궁궐, 경희궁

불과 얼마전까지만 해도 지도에서 경희궁이란 궁궐을 찾기란 쉽지 않았어요. 오히려 경희궁 공원이 더 유명했으니까요. 경희궁은 현재 남아 있는 궁궐 중 가장 철저하게 파괴된 궁궐입니다.

그렇다면 경희궁은 어떻게 탄생을 했을까요?

임진왜란 당시 경복궁, 창덕궁, 창경궁이 모두 화재로 사라집니다. 물론 전쟁 이후 창덕궁과 창경궁은 다시 제 모습을 찾아요. 그러나 경복궁은 터가 불길하다는 이유로 방치되죠. 그래서 창덕궁이 조선의 법궁이 됩니다. 참고로 창경궁은 사실상 창덕궁과 같은 울타리 안에 있었기 때문에 같은 궁궐로 여겼어요. 앞서 언급했듯 궁궐은 화재나 전염병 등의 사태에 대비해 반드시 두 곳 이상이 있어야 하죠. 그래서 법궁인 창덕궁의 보조 궁궐로 경복궁 서쪽에 새 궁궐을 짓게 됩니다. 바로 경희궁입니다. 경희궁은 경복궁의 서쪽에 있다고 해서 '서궐西闕'로 불렸습니다.

사라진 경희궁

경희궁은 광해군의 집요한 노력으로 임진왜란 이후 법궁 창덕궁을 보조하면서 많은 임금들이 사용했던 궁궐입니다. 그러나 정작 경희궁을 지은 광해군은 이 새로운 궁궐에서 단 하루도 살지 못하고 쫓겨났죠. 광해군 이후 인조는 경희궁에서 10여 년을 지냈으며, 숙종은 경희궁을 가장 많이 이용했던 임금이었습니다. 그 외에도 경종, 영조, 정조 역시 경희궁에서 생활하며 일을 했다고 합니다.

이러한 역사를 가진 경희궁이 존재감 없는 궁궐이 된 이유는 무엇일까요?

우선 고종 때 원래 법궁인 경복궁을 만들면서 자연스럽게 창덕궁, 창경궁이 보조 궁궐의 역할을 하게 됩니다. 그러다 보니 경희궁은 관심 밖으로 멀어져버렸죠. 게다가 경희궁의 많은 건물이 경복궁을 지을 때 건축 자재로 사용된 것으로 보여집니다.

경희궁의 몰락은 본격적인 일제강점기가 시작되면서 가속도가 붙게 됩니다. 일본인들은 이곳에 자신들의 학교를 짓고, 건물을 헐고 도로를 만들었습니다. 그나마 남아 있던 건물은 대부분

일제강점기에 일본인 학교 건물로 쓰였던 경희궁

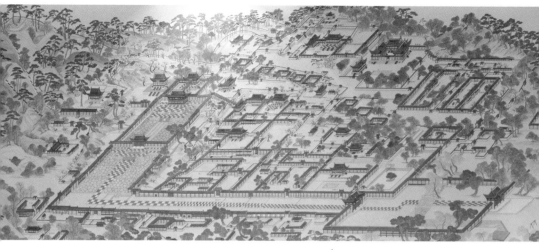

경희궁의 모습을 알 수 있는 서궐도 복원품(서울역사박물관 전시, 고려대학교박물관 소장)

다른 곳으로 팔아버렸고요. 심지어 회상전은 1911년부터 10여 년 동안 일본인 학교 기숙사로 쓰였고, 정문인 흥화문은 남산에 있는 이토 히로부미의 사당 정문으로 사용됩니다. 그 후 호텔 정문으로 사용되다가 근래 경희궁 터 근처로 다시 옮겨졌지요. 이렇듯 조각조각 해체되어 팔려나간 경희궁은 결국 1920년대에 일부 담벼락만 조금 남긴 채 완전히 분해되었습니다.

200여 년 전 경희궁의 모습이 묘사

조선 후기 사실상 궁궐로서의 기능을 상실한 경희궁. 드문드문 남은 건물이 보인다.

이토 히로부미의 사당인 박문사의 정문으로 사용된 경희궁의 정문 흥화문

된 서궐도를 보고 있으면 지금의 상황이 더욱 안타까워집니다. 그러나 더 슬픈 일은 사라진 경희궁을 다시 지을 공간이 없다는 것입니다. 서울역사박물관을 비롯해 대부분의 공간에는 이미 현대식 건물이 들어서 있기 때문입니다. 경희 궁 터를 보면 탄식이 절로 나옵니다.

궁궐 덕후 광해군의 최후

광해군은 조선 제15대 임금이면서 도중에 쫓겨난 왕이에요. 광해군이 쫓겨난 이유 중 하나는 궁궐 공사에 너무 많은 돈을 썼기 때문입니다. 아버지인 선조 임금 때 임진왜란이 터지고 궁궐이 불탄 이후, 임금이 된 광해군은 창덕궁과 창경궁을 짓고 주변의 반대에도 불구하고 경희궁까지 짓게 됩니다.

"궁궐 공사는 어찌 되었느냐? 내 직접 공사 현장을 다녀와야겠다. 곧 겨울인데 공사를 서두르지 않으면 완공이 또 지연된다. 서둘러라!"

이에 신하들은 불만이 많았습니다.

"전하, 전쟁이 끝난 지 얼마 되지 않은 상황에서 이렇게 궁궐 공사에 세금을 쓰시면 아니 되옵니다."

하지만 신하들의 반대에도 광해군은 계속 궁궐 공사를 고집했지요. 결과는 어떻게 되었을까요? 결국 광해군은 신하들에 의해 쫓겨나고 맙니다(인조반정).

덕수궁의 진짜 이름, 경운궁

1592년 4월 말 임진왜란 당시 선조가 의주까지 피난을 갔다가 다시 서울로 돌아왔을 때 경복궁, 창덕궁, 창경궁은 이미 모두 불타버렸습니다. 당황한 선조와

신하들은 어쩔 수 없이 지금의 서울시
청 일대에 있는 양반집들을 빌려 임시
궁궐로 사용하기 시작했는데, 그곳을 사
람들은 '정동 행궁'이라 불렀습니다. 여
기서 행궁이란 임시 궁궐을 뜻하는 말
입니다.

경희궁과 덕수궁을 잇는 석교(1902년)

그 뒤 1611년 불탄 창덕궁, 창경궁이
어느 정도 완공되었을 때 이곳 정릉동
행궁의 이름은 경운궁으로 바뀝니다. 다른 궁궐이 다시 만들어졌으니 이제 경
운궁은 더 이상 궁궐로서 기능을 하지 않았습니다. 일종의 문화재 같은 곳이었
죠. 그러다가 1896년, 고종이 러시아공사관으로 피난을 가는 사건(아관파천)이

경운궁일까, 덕수궁일까?

일제강점기에 계속해서 독립의 의지를 내세웠던 고종 황제가 불편했던 일제와 친일파들
은 고종을 강제로 은퇴시키고 경운궁에서 나가지 못하도록 만들었어요. 거의 24시간을
감시했던 거죠. 그리고 친일파들은 은퇴한 고종에게 '덕수'라는 존호(존경의 뜻으로 올리는
이름)를 올립니다. 덕수는 한자로 '오래오래 살다'라는 뜻이 있어요. 그 뒤로 고종을 '덕수
전하'라 불렀고, 고종의 궁궐인 경운궁은 자연스럽게 덕수궁이 되었습니다. 그러나 일부
에서는 일제가 우리 국권을 불법으로 강탈했기 때문에 덕수란 이름 역시 사용해서는 안
되고, 덕수궁 역시 원래 이름인 경운궁으로 불러야 한다고 주장하기도 합니다.
여러분은 어떻게 생각하시나요? 원래의 이름인 경운궁으로 불러야 할까요? 아니면 일제
강점기 때 바뀐 덕수궁으로 불러야 할까요?

일어납니다. 이후 고종 임금은 다시 경복궁으로 돌아가지 않았어요. 대신 러시아공사관 바로 옆에 있는 경운궁을 사용합니다. 나라 이름도 조선에서 대한제국으로 바꾸면서 경운궁은 왕궁이 아닌 황궁으로 불리게 되죠. 당연히 그 규모도 상당히 커졌습니다.

고종은 경운궁에서 다른 나라 외교관을 만나 일제의 만행을 알리는 등 많은 노력을 합니다. 물론 이런 고종의 행동은 일본인들에게 눈엣가시였겠죠. 일제와 친일파들은 고종을 경운궁에 가두다시피 하고 24시간 감시했어요. 그리고 이 즈음 경운궁의 이름이 덕수궁으로 바뀝니다. 이후 고종이 돌아가시고 덕수궁은 더 이상 황제의 궁이 아니었어요. 시간이 지날수록 건물들은 사라지고, 창경궁이 그랬듯 덕수궁 역시 공원으로 바뀌는 수모를 겪게 됩니다.

시기별 법궁과 이궁

시기	법궁	이궁
임진왜란 이전	경복궁	창덕궁·창경궁
임진왜란 이후	창덕궁·창경궁	경희궁
19세기	경복궁	창덕궁·창경궁·경운궁(덕수궁)·경희궁
대한제국	덕수궁	다른 궁궐은 기능을 상실함

왕실 가족의 휴식 공간, 후원

창덕궁 후원에 관한 기록은 조선왕조실록에도 자주 등장하는데, "창덕궁 동북쪽에 해온정이라는 정자를 지었다"는 기록이 태종실록에 쓰여 있는 것으로 보아 후원의 역사는 태종 때부터였던 것으로 추측됩니다. 또 세조실록에 "임금님께서 열무정에 행차했다"는 기록, 예종 때 "지금 부용정 옆에 비석을 세웠다"는 기록을 보아 시간이 지날수록 후원의 크기와 기능이 넓어진 것을 알 수 있지요.

그러던 후원도 임진왜란 때 왜군들에 의해 많은 피해를 입었습니다. 그리고 임진왜란 이후 약 20여 년 동안 그냥 방치되다가 광해군이 창덕궁을 중건하면서 후원도 복구되기 시작합니다.

광해군은 이곳에 꽃과 나무를 심고 괴석을 놓는 등 다른 궁궐만큼이나 많이 신경을 썼던 것 같습니다. 이후 인조 임금 때에는 많은 정자를 건립함으로써 후원은 지금과 같이 넓은 규모와 화려한 곳으로 발전합니다. 또 영조 때에는

동궐도에 묘사된 후원의 모습

영조가 창덕궁 후원에서 잔치를 베푸는 장면

큰 행사를 마친 뒤 창덕궁 후원 영화당
에서 신하들을 불러 잔치를 베풀기도 했
고요. 정조는 후원을 과거시험장으로 활
용하기도 했습니다. 19세기 들어 순조
임금 때에는 후원 내 '연경당'이란 곳을
지어 직접 사대부 양반들의 생활을 체험
해 보기도 했고, 청의정 앞에는 작은 논

일제강점기 창덕궁 후원의 모습

이 있어 임금이 친히 벼를 베며 논농사의 소중함과 백성의 땀을 느끼기도 했습
니다. 이런 후원은 일제강점기에 들어서면서 일본인들의 파티 장소로 사용되
는 수모를 겪게 되죠.

경복궁도 후원이 있었습니다. 지금의 청와대 자리가 그곳입니다. 융문당, 융무당, 옥련정 등의 건물이 있었고, 특히 경농재 앞에는 임금이 직접 논농사를 지어볼 수 있는 작은 논도 있었다고 합니다. 또 이곳에서 임금이 직접 군사 훈련을 지휘하고 점검하기도 하였습니다. 그러나 일제강점기 때 남산에 있던 조선총독부가 경복궁으로 들어오면서 경복궁 후원에는 총독 관저(생활 공간)가 지어집니다. 사실상 후원이 사라져버린 겁니다. 총독 관저는 광복 이후 이승만 대통령의 관저로 쓰였고 오늘날의 청와대가 된 것입니다.

흥선대원군에 의해 중건된 경복궁의 장엄한 모습(사진은 서울역사박물관에 전시된 모형)

3장

종묘와 사직을 보존하소서

1502년, 폭군 연산군은 임금으로서의 일은 하지 않고 매일 밤 잔치를 열며 술에 취해 있었습니다. 그러니 왕실 창고는 이미 바닥이 났습니다. 그날도 경복궁 경회루에서는 풍악이 울리고 있었습니다. 연산군을 세자 때부터 모시던 내관 김처선이 작심한 듯 입을 엽니다.

"전하, 이러시면 아니되옵니다. 이 나라 조선은 전하 혼자의 나라가 아니옵니다. 부디 종묘 사직을 보존하시옵소서. 부디 강건한 군주의 모습을 보이소서!"

결국 내관 김처선은 그 자리에서 죽음을 맞이하고 말지요. 김처선이 연산군에게 했던 말 '종묘 사직'은 드라마에서 많이 들어보았던 대사입니다. 여기서 '종묘'는 돌아가신 역대 임금님에게 제사를 지내는 곳을 말합니다. 따라서 종묘는 조선 왕실을 상징하는 중요한 장소입니다. 그렇다면 '사직'은 어떤 의미일까요? 조선시대 백성들은 한 해 농사의 결과에 따라 기쁨과 슬픔이 교차했지요. 그래서 조선의 임금들은 정기적으로 농사를 짓는 땅의 신에게 제사를 지냈는데, 그곳이 바로 '사직단'이란 곳입니다.

이처럼 왕조국가이자 농업국가인 조선왕조에서 종묘는 왕실을 상징하고, 백성들의 주업인 농업을 위해 제사를 지내는 사직은 백성을 상징합니다. 그래서 종묘와 사직은 왕실과 백성, 즉 나라 전체를 의미합니다.

왕실의 사당, 종묘

'사당'이란 후손들이 조상들의 제사를 지내면서 그분들의 정신을 기리기 위한 곳입니다. 사당에서 조상들께 집안의 평온함을 기원하기도 하고 또 앞으로 집안을 이끌 후손들의 건강을 빌기도 합니다. 한마디로 말하자면 사당은 그 집안의 과거와 현재, 그리고 미래를 연결해 주는 고리라 할 수 있지요. 그럼 왕실에도 사당이 있어야겠죠? 바로 왕실의 사당을 '종묘'라 부릅니다. 종묘는 왕실의 과거와 현재를 의미하기도 합니다.

임금이 돌아가시면 후손들은 돌아가신 임금을 위한 방을 종묘에 만듭니다. 그리고 그 방의 이름을 짓게 되죠. 이것을 종묘(廟)에 붙여진 호(號)라 하여 '묘호'라 합니다. 이 묘호가 우리가 역사 시간에 그렇게 외웠던 '태정태세문단세'입니다. 그러니 세종대왕은 자신이 세종으로 불린다는 사실을 모르고 돌아가셨습니다. 살아계실 때는 주상 전하로 불리다가 돌아가신 후 종묘의 이름이 세종이 된 것이니까요.

그런데 조선왕조 27대 임금 중 유독 두 명의 임금은 끝이 '조' 혹은 '종'으로 끝나지 않고 '군'으로 끝납니다. 바로 연산군과 광해군입니다. 이들은 중간에 임금의 자리에서 쫓겨났지요. 그래서 돌아가신 후에도 임금의 대우를 받지 못했습니다. 그러니 묘호도 받지 못했고, 종묘에도 광해군과 연산군의 방은 없습니다. 참고로 연산군과 광해군은 이들이 세자가 되기 전 왕자 때 불렸던 이름입니다.

자, 그런데 종묘 건물을 보면 어떤가요? 높이에 비해 옆으로 엄청나게 길죠? 그 이유는 시간이 지날수록 돌아가신 임금의 수, 즉 종묘 내 방의 수가 늘어났기 때문이에요.

누구도 감히 쳐다볼 수 없었던 신성한 공간인 종묘의 옛 모습

그래서인가요? 종묘를 보고 있으면 그 모습이 장엄하고 엄숙해 보입니다.

원래 옛 그림을 보면 종묘는 창덕궁, 창경궁과 함께 한 울타리 안에 있었어요. 그러나 일제강점기 일본인들은 도로를 만든다는 이유로 창경궁과 종묘를 나누어버립니다. 그 도로의 이름이 율곡로예요. 궁궐은 현재 임금이 지내는 곳이고 종묘는 과거의 임금들이 계신 곳이죠. 이 두 곳을 잘라 도로를 만들었으니 일제는 조선왕조의 역사를 끊어버리려 한 것이 아닐까 하는 생각도 듭니다. 그래도 다행인 것은 지난 2022년 율곡로를 지하로 만들어 무려 90년 만에 종

하나의 울타리 안에 있었던 창덕궁과 창경궁, 종묘 (대동여지도)

90년 만에 연결된 창경궁과 종묘

묘와 궁궐이 다시 연결될 수 있었습니다. 정말 다행스러운 일이죠? 비록 속도
는 더디지만 왜곡된 우리의 역사는 이렇게 하나씩 제자리를 찾고 있습니다.

토지·곡식의 신에게 제사를 올리던 곳, 사직단

조선시대 사직단에서는 봄과 가을 그리고 겨울에 제사를 지냈다고 합니다. '사
직社稷'에서 '사'는 토지의 신을 말하고, '직'은 오곡(다섯 가지 곡식)의 신을 의
미합니다. 아마 임금은 이곳 사직단에 와서 "만백성이 배불리 먹을 수 있도록
많은 곡식을 내려주소서!"라고 토지와 곡식의 신에게 바랐을 겁니다.

그러나 일제강점기를 거치고 근대화가 이루어지면서 사직단 역시 다른 여
느 궁궐처럼 '사직공원'이 되어 그 위엄성을 잃고 말지요. 더욱이 1960년대 도

백성을 사랑하는 임금의 마음이 묻어 있는 사직단의 옛 모습

시 계획으로 정문이 뒤로 밀려나게 됩니다.

물론 도시 계획은 매우 중요한 사업입니다. 하지만 500년 동안 백성의 풍성한 삶을 기원했던 사직단을 너무 철저히 무시하지 않았나 하는 생각이 듭니다. 심지어 사직단이 있던 곳에 도서관, 주민센터, 수영장까지 들어섰으니까요. 안타깝지만 우리 스스로 우리 문화재를 훼손한 꼴입니다.

최근 들어 여러 가지 복원 사업이 이루어졌지만 여전히 사직단은 노인들의 휴식터와 젊은이들의 데이트 장소, 놀이 공간으로 인식되고 있습니다.

한때 수영장이 들어섰던 사직단의 모습

복원 중인 사직단

조선의 건국 이래 600년 이상 이어지고 있는 종묘제례악은 유네스코 지정 세계무형문화재에 등재된 우리의
자랑스러운 문화 유산이다.

2부
·
궁궐 대문을 열랍신다!

어느 집이든 출입문이 있듯 궁궐 역시 입구에는 커다란 대문이 있습니다. 궁궐의 정전으로 가려면 반드시 통과해야 하는 곳이 정문이고, 반드시 건너야 할 곳이 금천교입니다. 궁궐의 정문과 금천교는 어떤 중요한 의미가 있는지 지금부터 소인 쏭내관과 함께 살펴볼까요? 자, 이제 정문을 통해 입궐해 보시죠.

1장

해태의
노고를
치하하노라

나이 지긋한 한 정승이 가마를 타고 입궐하고 있습니다. 가마 위에서 잠시 잠이 든 정승은 깨어보니 자신이 탄 가마가 광화문 근처까지 와 있는 걸 보고 깜짝 놀라 가마에서 내려 하인에게 호통을 칩니다.

"네 이놈! 네놈이 정신이 있는 게냐? 여기가 어딘지 아는 게야? 전하께서 계시는 궁궐 앞이니라!"

"소인, 죽을 죄를 지었사옵니다. 쇤네는 그저 영감마님께서 너무 피곤하신 것 같아 그만……."

"닥치거라, 이놈! 네놈이 지금 나를 어떻게 만들었는지 아느냐?"

가마에서 내린 정승은 임금이 사는 광화문을 향해 절을 하고서 연로한 몸을 이끌고 지나온 길을 다시 걸어서 되돌아갑니다. 바로 해태상이 있는 곳까지요. 그리고 다시 하인에게 타이르듯 말합니다.

"네 마음을 이해 못 하는 게 아니니라. 내 몸이 비록 늙고 병들어 잘 걷지 못한다 한들 이곳 해태상부터 광화문까지는 누구든 걸어서 입궐을 해야 하는 국법이 있느니라. 앞으로는 절대 그러지 말거라. 알겠느냐?"

그제서야 주인의 마음을 알게 된 하인은 울면서 대답합니다.

"소인, 다시는 그러지 않겠사옵니다!"

그리고 그는 해태상부터 다시 직접 걸어서 광화문을 통해 입궐을 합니다.

궁궐의 입구이자 청렴결백의 상징

경복궁의 정문인 광화문을 향해 걷다 보면 해태상이 가장 먼저 나옵니다. 사실상 이 해태상부터가 궁궐의 시작이라 할 수 있어요.

그렇다면 이 해태가 무엇을 의미하는지 한번 알아볼까요?

해태는 한자로 '해치獬豸'라고도 하지요. 해태상은 궁궐 대문보다 앞쪽에 있어서 '여기부터는 임금님이 계신 곳이니 말에서 내려 걸어가야 한다'는 표지판 역할을 했습니다. 이것을 '하마비下馬碑'라고 합니다. 조금 낯선 용어인가요? 한자 그대로 '말에서 내린다'는 뜻입니다.

용이나 봉황처럼 상상 속 동물인 해태는 거짓말을 하거나 옳지 않은 일을 한 사람에게 달려들어 뿔로 받아버린다는 상상의 동물로 알려져 있습니다. 그러니 해태는 무엇을 상징할까요? 바로 청렴결백입니다. 예를 하나 들어 볼까요?

해태상부터는 말과 가마에서 내려 걸어서 입궐을 해야 한다.

조선시대 관복의 가슴에는 몇몇 문양이 수놓아져 있었는데, 이를 '흉배'라고 합니다. 문반 출신들에게는 학이, 무반 출신들에게는 호랑이가 새겨져 있었는데, 정부 관리들의 부정과 비리를 감찰하던 관리들의 관복 흉배에는 이 해태 무늬가 새겨져 있었다고 합니다. 누구보다도 청렴결백해야 했던 이들에게 해태를 새긴

흉배에 수놓아진 해태

늠름한 해태상과 경복궁의 정문인 광화문의 모습. 해태상 뒤로 월대와 광화문이 보인다.

관복을 지급한 것은 어찌 보면 당연한 일이었겠지요.

원래 자리를 찾아가는 해태상

조선시대에는 광화문 앞쪽에 넓은 월대가 있고 그 앞으로 해태상 두 개가 놓여 있었습니다. 월대란 돌이 깔린 일종의 무대라고 생각하면 됩니다. 여기서 임금은 백성들과 만남의 행사를 갖기도 했습니다. 바로 이 월대 앞쪽으로 해태가 놓여 있었죠. 그러니까 원래 해태의 자리는 광화문에서 약 80여 미터 앞이었습니다.

그러나 일제강점기 때 경복궁 안에 조선총독부 건물이 지어지고 광화문 앞으로 전차 철로 공사를 하면서 광화문은 경복궁 동쪽으로 옮겨지고 월대는 파괴되고 해태상은 조선총독부 건물 앞쪽 장식물로 사용됩니다. 정말 화가 나죠? 다행히 광복 이후 광화문이 복원되면서 해태는 다시 돌아왔지만 원래의 위치로 돌아오지는 못했습니다. 해태가 있던 원래 자리가 이미 차도로 변했기 때문입니다. 그래서 해태상은 어쩔 수 없이 광화문 바로 앞에 놓이고 맙니다. 당시 멀리서 보면 마치 광

광화문 앞 월대와 해태상(모형)

원래의 자리를 찾지 못하고 광화문 바로 앞에 놓인 해태상

화문과 붙어 있나 하는 착각이 들 정
도로 해태상은 광화문 가까이 놓였습
니다. 그나마 다행인 것은 시간이 흐르
고 경복궁 복원 사업이 시작되면서 광
화문 앞의 아스팔트를 제거해 보니 마
치 시간이 멈춘 듯 조선시대 월대 자리
와 일제강점기 때 놓인 전차 철로가 고

광화문 앞 월대 터와 전차 철로의 흔적

스란히 드러났습니다. 그 흔적을 따라 광화문의 월대가 제 모습을 찾았고 해태
역시 원래 자리로 돌아올 수 있게 되었습니다. 무려 100여 년 만의 일입니다.
이제 제자리로 돌아왔으니 우리의 해태가 앞으로도 더 많은 일을 해주기를 기
대합니다.

　참고로 해태상은 여의도 국회의사
당 앞에도 있습니다. 그런데 어찌된 일
인지 국회의사당 앞 해태상은 자기 역
할을 제대로 못 하고 있네요. 아마도
국회에서 벌어지는 부정부패를 쫓아
내기에는 해태 한 쌍이 도저히 감당할
수 없어서인 듯합니다. 국회에서 일하
시는 분들께 소인이 한 말씀 올리지요.

국회의사당 앞 해태상

　"부디, 우리 조상들이 해태를 두려워했듯 늘 해태상을 두려워하는 마음을
가져주십시오."

2장

경복궁의 대문과 금천

세종대왕이 신하들을 불러 회의를 하고 있습니다.

"전하, 송구하오나 경복궁의 금천이 자꾸 마르고 있사옵니다."

"맞사옵니다. 예부터 좋은 집은 뒤로는 산이 앞으로는 물이 흘러야 한다고 했습니다. 다행히 경복궁은 북쪽의 웅장한 북악산이 있으나 바로 앞에 물이 없어 금천을 만든 것인데 이렇게 금천에 물이 마른다는 것은 그리 좋은 징조가 아니옵니다."

"금천이 마른다는 것은 있을 수 없는 일이다. 경복궁 서북쪽에 연못을 만들어 그 물이 흘러가도록 하는 것이 어떠한가?"

"매우 좋은 생각이시옵니다. 바로 시행하라 이르겠사옵니다."

방금의 대화에서처럼 우리 조상들은 뒤에는 산, 앞에는 물이 흐르는 곳을 명당이라고 생각했어요. 그래서 어느 궁궐이든 정문을 통과하면 반드시 개천, 즉 금천이 나옵니다.

자, 그럼 경복궁의 대문과 금천을 만나볼까요?

경복궁의 정문, 광화문

조선의 법궁 경복궁의 정문은 바로 '조선의 정문'이었습니다. 광화문은 태조 때 '오문' 또는 '정문'으로 불렸다 합니다. 그러다가 세종 때 광화문으로 이름이 바뀝니다. 광화문은 조선의 궁궐 대문 중 유일하게 돌을 쌓아 세 개의 무지개 문을 만들고, 그 위에 문루門樓를 올렸지요. 어떤가요? 웅장함이 느껴지나요?

  광화문의 세 문 중에서 맨 왼쪽은 군인(무신) 출신의 관료들이, 맨 오른쪽은 학자(문신) 출신의 관료들이, 가운데 문은 임금과 왕비만이 다닐 수 있었습니

조선시대 광화문 앞 풍경

일제에 의해 헐리고 있는 광화문

경복궁의 동쪽 구석으로 강제로 옮겨진 광화문

다. 문을 통과할 때 천장을 한번 올려다보세요. 오른쪽 문은 천마도, 왼쪽은 무신을 의미하는 거북이, 가운데는 임금을 상징하는 봉황이 그려져 있습니다.

그러나 광화문의 과거와 현재를 생각하면 마음이 아파옵니다. 광화문은 1592년 임진왜란 때 불에 탄 이후 1867년에 경복궁과 함께 부활합니다. 275년 만의 부활이었으나 기쁨도 잠시, 일제가 조선을 식민지로 삼고 조선총독부 건물을 경복궁 안에 건립하면서 광화문을 궁궐 동쪽으로 옮깁니다. 궁궐을 지켜야 할 정문이 일본에 의해 강제로 옮겨진 것이지요. 원래는 광화문을 아예 없애버리려고 했는데 당시 한 일본인이 다음과 같이 주장하면서 광화문을 구했다고 합니다.

정문이 아닌 동문으로 전락한 광화문

"광화문이여, 네 목숨이 얼마 안 남았구나……. 우리 일본의 친구 조선을 위해서, 예술을 위해서, 서울을 위해서, 조선 민족을 위해서라도 절대 경복궁을 해쳐서는 안 된다. 광화문이여, 부

광화문

광화문이 제 역할을 하고 있을 때의 경복궁

디 일본을 용서해 다오. 진심으로 다시
한번 사과를 하고 싶구나."

　그러나 그의 바람에도 불구하고 광화
문은 옮겨졌고, 한국전쟁 때 폭격을 맞아
불에 타고 돌기둥만 남게 됩니다.

한국전쟁 당시 폭격으로 전소된 광화문의 누각

콘크리트로 만든 가짜 광화문

한국전쟁 이후 군사독재 시절이었습니다. 1968년 당시 박정희 대통령의 지시로 돌덩이만 남은 광화문은 어느 정도 제자리를 찾아 복원됩니다. 하지만 완벽한 복원은 아니었습니다. 복원이라 함은 원 상태로 복구하는 것을 말합니다. 그러나 광화문은 나무로 복원해야 할 석루를 콘크리트로 만들고 대문 역시도 나무가 아닌 철로 만들어졌습니다. 게다가 자리 역시 원래의 위치에서 한참 뒤로 물러난 지점에 세우게 됩니다. 정말 모든 게 엉성한 복원이었습니다. 믿기지 않겠지만 불과 얼마 전까지만 해도 경복궁을 지키는 광화문은 시멘트 건물이었습니다.

그러나 이러한 가짜 광화문도 역사의 한 페이지가 되었습니다. 2007년부터 복원 사업이 시작되었기 때문입니다.

광화문은 기존의 콘크리트 문루를 절단해 제거하고 원래의 자리로 옮기기 위해 해체 작업을 했습니다. 그러던 중 땅속에서 150여 년 전 고종 당시의 광화문 자리가 발견되어 150여 년 만에 제자리를 찾아 돌아옵니다. 물론 콘크리트 건물이 아닌 나무인 원래의 모습으로 말이죠.

광화문의 역사를 다시 한번 간단히 정

1968년 복원된 콘크리트 광화문

콘크리트 광화문의 잔재

2010년 복원된 광화문의 모습

리해 보자면, 1395년 태조 임금 때 만들어졌고, 임진왜란 때 사라진 문을 1867년 고종 임금 때 다시 만들었고, 한국전쟁 때 파괴된 것을 1968년 박정희 대통령 때 (엉성한) 복원이 이루어진 것을 다시 해체해 2010년 이명박 대통령 때 지금의 광화문으로 우뚝 서게 되었네요. 앞으로 지금의 광화문이 천년만년 영원히 경복궁을 지켰으면 좋겠습니다.

살아나는 경복궁의 궁성

2008년 11월과 2009년 6월에 국립문화재연구소 고고연구실은 중요한 발표를 했습니다. 광화문과 연결된 경복궁의 담, 즉 궁성의 흔적이 모두 발견되었기

아스팔트를 걷어내자 드러난 경복궁 궁성의 흔적

1395년 궁성의 흔적 위에 쌓은 1867년 궁성, 그리고 그 흔적 위에 쌓아 완성된 2010년 경복궁 궁성의 모습

때문이죠(각각 동쪽 궁성과 서쪽 궁성).

광화문과 연결된 궁성은 일제강점기에 모두 헐려 흔적도 없이 사라졌고 그 자리는 아스팔트로 덮어버렸습니다. 그렇게 사라졌을 것만 같았던 담이 광화문 복원 과정에서 아스팔트를 걷어내자 그 모습을 드러냈습니다. 일본이 담을 허물 때 땅을 파헤치지 않고 그냥 콘크리트로 위를 덮어버렸던 겁니다. 더 대단한 발견은 150년 전 고종 당시 궁성을 쌓은 돌 아래로 600년 전 태조 때 흔적이 발견된 겁니다. 그러니까 150년 전 조상들이 600년 전 조상들의 흔적 위에 궁성을 쌓았던 거죠.

그럼 이제 우리는 어떻게 해야 할까요? 맞아요. 150년 전 쌓은 그 흔적 위에 새로이 담을 쌓았습니다. 그렇게 2010년 경복궁의 담, 즉 궁성은 제 모습을 찾아 우뚝 서게 되었습니다.

동십자각과 서십자각

경복궁은 조선의 법궁입니다. 그러니 다른 궁궐보다 담이 아주 높고 웅장해요. 특히 광화문과 연결된 담 끝에 세워진 망루는 경복궁의 웅장함을 더했죠. 이 망루를 십자각이라고 불렀어요. 하늘에서 보면 그 모습이 마치 한자로 '열 십(十)' 자 모양과 닮아서예요.

서십자각

광화문 동쪽에는 동십자각, 서쪽에는 서십자각이 있어 경복궁을 지켰습니다. 그러나 일제강점기에 서십자각은 전차 철로 공사를 하면서 헐려버렸지요. 동십자각은 주변 담장을 헐고 차도를 만들면서 경복궁 담과 뚝 떨어져 마치 경복궁과 전

지금은 흔적도 없이 사라진 서십자각 터

혀 관계가 없어 보이는 건물처럼 되어버렸어요. 경복궁의 담장이 복원되었지

살아 있는 경복궁의 모습. 광화문과 양쪽의 십자각 그리고 그것들을 잇는 궁성이 보인다.

동십자각이 제 기능을 하고 있을 때의 모습

지금의 동십자각은 연결된 궁성이 모두 사라져 이렇게 외톨이인 양 남아 있다.

만 불행히도 차도 때문에 동십자각과 연결할 수가 없어서 아직도 경복궁과 떨어진 채 외로이 남은 신세가 되었습니다. 하루빨리 담장이 연결되어 100여 년 전의 웅장함을 되찾기 바랄 뿐입니다.

경복궁의 4대문 — 건춘문, 영추문, 광화문, 신무문

경복궁은 전체 모습이 직사각형으로 되어 있습니다. 그러니 각 방향에는 출입문이 있겠죠? 남쪽은 정문 광화문이 있고요. 동쪽에는 건춘문, 서쪽에는 영추문 그리고 북쪽에는 신무문이 있어요. 자식 이름을 지을 때 부모의 바람이 담겨 있듯이 궁궐의 문에도 각각의 의미가 담겨 있습니다.

자, 그럼 여기서 경복궁의 사대문 속에 담긴 의미를 한번 살펴볼까요?

우리 조상들은 동서남북 방향에 수호신이 있다고 믿었어요. 그러니까 동쪽을 지키는 신은 청룡, 서쪽은 백호, 남쪽은 상상 속의 새인 주작 그리고 북쪽에는 거북이가 그 주인공이에요. 바로 이 수호신들이 경복궁의 동서남북을 지키고 있습니다. 또한 각 방향을 상징하는 계절도 있었는데요. 해가 떠오르는 동쪽

동쪽 궁문인 건춘문(동쪽은 봄을 상징) ↕

건춘문 아치 천장의 청룡 그림(동쪽을 상징하는 청룡) ↕

서쪽 궁문인 영추문(서쪽은 가을을 상징) ↕

영추문 아치 천장의 백호 그림(서쪽을 상징하는 백호) ↕

남쪽 궁문인 광화문(남쪽은 여름을 상징) ↕

광화문 아치 천장의 주작 그림(남쪽을 상징하는 주작) ↕

북쪽 궁문인 신무문(북쪽은 겨울을 상징) ↕

신무문 아치 천장의 현무 그림(북쪽을 상징하는 현무) ↕

은 계절의 시작인 봄을 상징하고, 서쪽은 가을 그리고 남쪽과 북쪽은 각각 여름과 겨울을 상징했습니다.

자, 동문인 건춘문을 한번 볼까요? 아치 천장에는 동쪽의 수호신 청룡이 그려져 있습니다. 서문인 영추문에는 백호가, 광화문에는 주작이, 그리고 겨울을 상징하는 북문인 신무문에는 거북이가 그려져 있죠.

이 중 서문인 영추문은 일제강점기에 헐려 지금은 1970년대 콘크리트로 만든 가짜 문이 서 있습니다. 너무나 마음 아프죠? 지금도 영추문 처마 끝을 보면 벗겨진 페인트 사이로 콘크리트의 모습을 볼 수 있어요. 반면 동문과 북문인 건춘문과 신무문은 고종 당시의 원형을 그대로 잘 보존하고 있습니다.

흥례문의 부활

광화문을 통과하면 바로 흥례문이 보입니다. 보통 정전을 가려면 세 개의 문을 통과해야 해요. 첫 번째가 광화문, 두 번째가 흥례문, 세 번째가 근정문입니다.

안타깝게도 흥례문은 조선총독부가 들어서면서 헐리게 돼요. 게다가 조선총독부 건물은 해방 후에도 대한민국 정부 건물로 사용됩니다. 그래도 여기까지는 이해하겠어요. 그런데 더 이해할 수 없는 사실은 이후 조선총독부 건물을 국립중앙박물관으로 사용했다는

경복궁을 가리고 버젓이 우리 앞에 있었던 조선총독부 건물

조선총독부 건물 철거 모습

다시 복원된 흥례문

사실입니다. 우리에게는 정말 굴욕의 역사가 아닐 수 없습니다.

　정부는 1995년 조선총독부 건물을 철거하고, 2001년 10월에 흥례문과 영제교 일대를 복원했습니다. 경복궁은 일본인들이 생각하는 그런 만만한 궁궐이 아닙니다. 비록 사지가 뜯겨나가고 헐렸지만 지금 이 시간에도 부활 중에 있으니까요.

제자리를 찾은 경복궁 영제교

어느 궁궐이든 정문을 통과하면 개천인 금천과 금천을 건너는 돌다리 금천교가 나옵니다. 경복궁의 금천교 이름은 '영제교'라 부르죠.

경복궁의 금천과 영제교

이 금천과 돌다리는 또 하나 중요한 의미를 지니고 있습니다. 바로 공간의 구분입니다. 우리 조상들은 이 금천을 지나면서부터가 임금이 지내시는 신성한 장소라고 인식했고, 따라서 영제교는 바로 임금과 백성을 연결해 주는 역할을 했다고 합니다.

경복궁의 영제교 양쪽에는 네 마리의 서수(행운을 전해 준다는 상상 속의 동물)가 놓여 있는데, 이들은 모두 금천에 흐르는 물을 통해 궁궐로 침입하는 나쁜 기운을 감시하고 있습니다.

지금도 묵묵히 영제교를 지키고 있는 서수

서수의 표정을 보고 있으면 마치 이렇게 말하는 것 같아요.

"사악한 기운들이여! 어딜 감히 임금님이 사시는 곳에! 꿈도 꾸지 말거라!"

이곳에 간다면 지금도 묵묵히 경복궁을 지키고 있는 그들의 모습을 꼭 챙겨 보시기 바랍니다.

3장

창덕궁의
대문과
금천

태종 때의 일입니다.

"전하, 아뢰옵기 송구하오나 한 노비가 돈화문 옆 수문으로 들어와 급히 잡았사옵니다."

"뭐라? 돈화문 옆 수문? 아니 어느 용감한 자가 감히 허락 없이 궁궐에 침입했단 말인가?"

"법에 따르면 그 노비는 참형에 처해야 하옵니다!"

"이 일은 내 조금 더 사연을 알아본 후 결정을 할 것이다."

돈화문은 창덕궁의 정문이죠. 돈화문 역시 문을 통과하면 금천이 나옵니다. 창덕궁은 지형이 좁아서 정문인 돈화문 바로 옆에 금천의 물이 빠져나갈 수 있는 수문을 만들었어요. 물론 수문 역시 24시간 병사들이 지키고 있습니다. 그런데 이 경계를 뚫고 한 노비가 수문을 통해 창덕궁으로 들어간 거예요. 정말 용감한 노비 아닌가요? 그나저나 그 노비는 어떻게 되었을까요? 바로 참형을 당했을까요? 아니면 임금의 너그러움으로 풀려났을까요?

오랜 세월 조선왕조를 지켜온 돈화문

경복궁의 정문이 광화문이라면 창덕궁의
정문은 돈화문입니다. 여러분께서 보고 있
는 지금의 돈화문은 임진왜란 이후 무려
400여 년간 별 사고 없이 지금까지 그 자
리를 지키고 있어요. 그 자체만 해도 정말
대견스럽지 않나요?

월대가 있었던 원래의 돈화문

　그러나 돈화문은 문보다 문 앞이 문제
였어요. 일제강점기에 순종 황제의 자동차가 문을 통과해야 한다는 이유로 돈
화문 앞 월대, 즉 계단을 모두 흙과 아스팔트로 덮어버립니다. 다행히 1990년
대에 아스팔트를 걷어내면서 월대와 층계가 드러났고, 무려 100여 년 만에 다
시 빛을 볼 수 있었습니다.

일제강점기에 월대가 모두 땅 밑으로 덮여버린 돈화문

월대를 복원한 지금의 돈화문

600년이 지나도 튼튼한 창덕궁 금천교

200여 년 전 창덕궁을 묘사한 동궐도를 한번 볼까요?

경복궁은 정문을 통과하면 바로 앞에 금천교가 나오는데, 창덕궁은 돈화문을 통과하고 오른쪽으로 꺾어져야 금천교가 보입니다. 그 이유는 자연 지형에 있어요. 경복궁의 경우에는 남북으로 길게 놓여 금천교 역시 같은 방향인 남북으로 연결되어 있지만, 창덕궁(창경궁)은 지형상 동서로, 즉 가로로 길게 조성되어 있습니다. 그러다 보니 금천교 역시 동서로 연결되어 있어요.

동궐도에 묘사된 창덕궁 돈화문과 금천교

600년이 넘는 세월을 든든히 버티고 있는 창덕궁 금천교. 그러나 일제강점기를 거치면서 물길이 끊겨 지금은 말라 버린 금천이 되었다.

창덕궁의 금천교는 나이가 무척 많습니다. 1411년 태종 때 놓인 후 무려 600년이 넘는 시간 동안 제자리를 지키고 있으니까요. 특히 금천교를 지키고 있는 작고 귀여운 서수의 모습을 보세요. 600년의 시간 동안 이 서수는 세종 대왕, 연산군 등 조선의 거의 모든 왕들을 만났을 거예요. 부디 앞으로도 이 귀여운 서수가 지금의 자리에서 많은 방문객들을 맞이하면 좋겠네요.

창덕궁 금천교 서수

4장

창경궁의 대문과 금천

"주상 전하 납시오!"
"그대들은 많은 꿈을 안고 이곳 창경궁 홍화문으로 왔을 것이다. 과거에 합격한다는 것은 돈을 얻는 것도 아니고 개인의 명예를 얻는 것도 아니다. 오직 백성과 이 나라를 지키는 막중한 책무만을 얻는 것이다. 지금 이 자리에 모인 모든 응시생들은 나의 조언을 명심하고 시험에 임해 주기 바란다!"
"성은이 망극하옵니다. 전하!"
이곳은 무과 시험장입니다. 그런데 무과는 말을 타고 달리기도 하고 활을 쏘기도 해야 하는데 그 장소가 창경궁의 정문 홍화문이에요. 이상하죠? 지금의 홍화문 앞은 바로 앞까지 차도가 만들어져 아주 좁지만 조선시대에는 넓은 공터가 있었다고 해요. 바로 이곳에서 무과 시험이 열린 겁니다. 그리고 때로는 이렇게 임금이 직접 응시생들을 격려했다고 합니다.

학이 날아오르는 형상, 홍화문

창경궁 홍화문은 임진왜란 이후 1616년에 다시 세워졌고, 그 후 여러 차례 보수공사가 이루어졌다고 전해집니다. 그러니까 홍화문 역시도 창덕궁의 돈화문처럼 무려 400년이 넘는 시간 동안 그 모습 그대로 자신의 자리를 지키고 있는 거죠. 굳이 창덕궁의 돈화문과 비교한다면, 돈화문은 어미 학이 날개를 쭉 편 모습이고, 이에 비해서 규모가 작은 홍화문은 마치 땅을 차고 날아오르는 어린 학의 모습 같습니다. 저는 개인적으로 어느 궁궐의 정문보다 어린 학의 모습 같은 홍화문을 좋아합니다. 그리고 그 험난했던 수백 년을 잘 버텨준 홍화문에 고마운 마음이 듭니다.

일제강점기 홍화문

400여 년을 꿋꿋이 버티고 있는 홍화문

자연수가 흐르는 창경궁 옥천교

창경궁 역시 다른 궁궐처럼 정문인 홍화문을 통과하면 금천과 금천교가 보입니다. 창경궁의 금천교는 '옥천교'라 부릅니다. 이곳 역시도 1484년 성종 임금

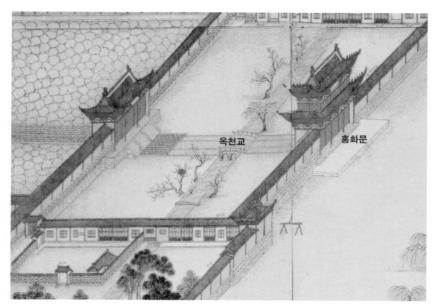

동궐도에 묘사된 창경궁의 정문 홍화문과 옥천교

시절 창경궁이 처음 만들어질 당
시의 다리이므로 창덕궁의 금천
교만큼은 아니어도 역사와 전통을
자랑할 만합니다.

　창경궁 옥천교는 또 하나의 매
력이 있습니다. 경복궁, 창덕궁의
금천이 일제강점기를 거치면서 물

창경궁의 살아 있는 금천과 옥천교

이 말라버린 금천인데 반해 이곳 창경궁의 옥천교 아래로는 여전히 맑은 물이
흐르고 있다는 겁니다. 꼭 한번 방문하셔서 500년을 흐르고 있는 금천의 모습
을 감상하세요.

5장

경희궁의 대문과 금천

"이름이 무엇이냐?"

"소… 소녀의 이름은 길순이옵니다."

"그래, 부모는?"

"지난번 홍수 때 물길에 휩쓸려 그만…. 흑흑흑!"

"그래 그래. 부모 없이 어린 나이에 이렇게 동생들을 챙기는 모습이 대견하기 이를 데 없구나. 도승지는 이 아이에게 쌀과 옷감을 내려주고 아이들이 사는 곳을 직접 방문해 그 상황을 보고하도록 하라."

이곳은 경희궁의 정문 흥화문 앞이에요. 백성을 사랑하는 마음이 유독 깊었던 영조 임금은 자주 궁궐의 정문으로 고아들을 불러 선물을 내렸다고 합니다. 이렇듯 궁궐의 정문은 정문의 역할뿐 아니라 임금이 백성의 목소리를 듣는 곳이기도 했습니다.

아직도 제자리를 찾지 못한 흥화문

일제강점기의 흥화문 　　　　　남산의 박문사 정문으로 뜯겨져 나간 흥화문(당시 신문기사)

경희궁 흥화문은 1932년 일제에 의해 남산으로 옮겨져 박문사라는 절의 정문으로 사용됩니다. 그런데 문제는 박문사가 이토 히로부미의 제사를 지내는 일본 절이라는 겁니다. 이토 히로부미가 누구입니까? 불법으로 우리 주권을 빼앗아간 인물입니다. 주권을 박탈당한 이후 우리 궁궐은 완전히 망가져버렸지요. 그런데 경희궁의 정문이 그를 위한 절의 정문으로 쓰이다니, 정말 수치스러운 역사가 아닐 수 없어요.

광복 후 호텔 정문으로 쓰인 흥화문

　여기서 끝이 아니에요. 광복 이후 흥화문은 한 호텔의 정문으로 남아 있다가 1988년이 되어서야 현재의 경희궁 터로 옮겨졌습니다. 그러나 잠시 자리를 비운 사이, 흥화문 자리에는 이미 높은 빌딩이 들어섰고 결국 제자리를 찾지 못한 채 현재는 원래 위치에서 남서쪽으로 내려와 엉뚱한 곳에 놓이고 맙니다. 너무나 마음 아픈 흥화문의 역사가 아닐 수 없습니다.

제자리로 오지 못하고 엉뚱한 곳에 위치한 흥화문

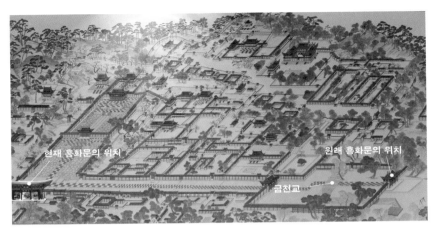

현재 흥화문의 위치

원래 흥화문의 위치

금천교

흥화문과 금천교(서궐도)

서울역사박물관 장식물이 된 경희궁 금천교

경희궁의 금천교를 보면 쓴웃음만 나옵니다. 다른 궁궐의 금천교는 궁궐 안에라도 있지요. 경희궁의 금천교는 담장도 없이 서울역사박물관 입구의 장식물처럼 복원되어 있어요. 안내판을 보지 않으면 어느 누구도 이곳이 경희궁의 금천교란 사실을 알 수 없습니다. 지금

경희궁의 금천교. 어느 누구도 이곳이 궁궐의 금천교라는 사실을 알지 못한다.

의 서울역사박물관이 경희궁 터에 속하긴 하지만, 아무리 그래도 금천교의 모습이 너무 초라합니다. 하루빨리 경희궁이 복원되어 금천교의 맑은 물이 흐르는 모습을 봤으면 좋겠네요.

6장

덕수궁의 대문과 금천

"덕수궁의 정문인 인화문은 사용하는 이가 거의 없어 사실상 정문의 기능을 상실하고 있지 않은가?"

"맞사옵니다. 사람들이 인화문보다는 도로가 가까운 대한문을 더 많이 사용하고 있사옵니다."

"그래서 이번 기회에 덕수궁의 정문을 바꾸려 한다."

"전하, 태조대왕께서 경복궁을 지을 때 정문인 광화문을 남쪽으로 향하게 한 이유가 있듯 대한제국의 황궁인 덕수궁 역시 정문은 반드시 남쪽으로 향해야 하옵니다. 그것이 옳습니다."

"아니다. 형식에 얽매여 불편함을 참는 것처럼 어리석은 일도 없다."

"동쪽으로 큰 도로가 생겼으니 정문을 동문으로 정하는 것도 괜찮다."

원래 덕수궁의 정문은 인화문이었어요. 그러다 동쪽 문인 대한문이 정문이 되었답니다.

정문으로 승격한 대한문

경복궁의 정문은 '광화문', 창덕궁은 '돈화문', 창경궁은 '홍화문'이죠. 그럼 당연히 덕수궁의 정문도 '화'자 돌림이어야 하는데, 정문 이름이 '대한문'이에요. 사실 원래 덕수궁의 정문은 '화'자 돌림인 '인화문'이었어요. 위치 역시 덕수궁의 남쪽에 있었어요. 그런데 동쪽으로 큰 도로가 생기면서 차와 사람들이 많아진 거예요. 그러다 보니 남쪽의 인화문보다는 동쪽문인 대한문을 더 자주 이용하게 되었고, 그러다 인화문이 사라지고 대한문이 정문이 되어버린 거죠.

대한문도 시련을 겪기는 마찬가지였어요. 고종 황제가 돌아가시고 주변이 헐리면서 전체적으로 덕수궁의 규모는 작아집니다. 얼마 전까지 있던 담장이 헐리고 도로가 만들어집니다. 심지어 대한문의 경우에는 앞뒤가 모두 도로로 변합니다. 그러니 대한문의 모습이 어떻게 되었을까요? 1960년대 사진을 보면 마치 섬처럼 도로 한복판에 고립되었죠? 그러던 것을 그나마 30여 미터 안쪽으로 옮겨 지금의 위치가 된 겁니다. 더 다행인 것은 얼마 전 대한문 앞 월대가 복원되면서 100년 전 대한문의 모습으로 조금은 돌아올 수 있었습니다.

원래 덕수궁의 정문은 남쪽의 인화문이다.

대한문은 광복 후 양쪽으로 난 도로 때문에 고립되기도 하였다.

대한문은 덕수궁의 동쪽 문이었다.

대한문은 민중이 모이는 중심 장소였다.

사방이 막힌 웅덩이, 덕수궁 금천

덕수궁의 금천은 금천이 아닙니다. 단지 웅덩이일 뿐이지요. 심지어 2000년대 초까지만 해도 덕수궁의 금천은 마치 수영장처럼 하늘색이 칠해져 있었고 거북이를 키우는 연못으로 사용했습니다. 물론 지금은 거북이도 없고 하늘색 페인트도 없습니다만, 덕수궁의 금천은 그 기능도 모습도 이렇게 안타깝게 남아 있습니다.

메마른 덕수궁의 금천

경복궁 영제교

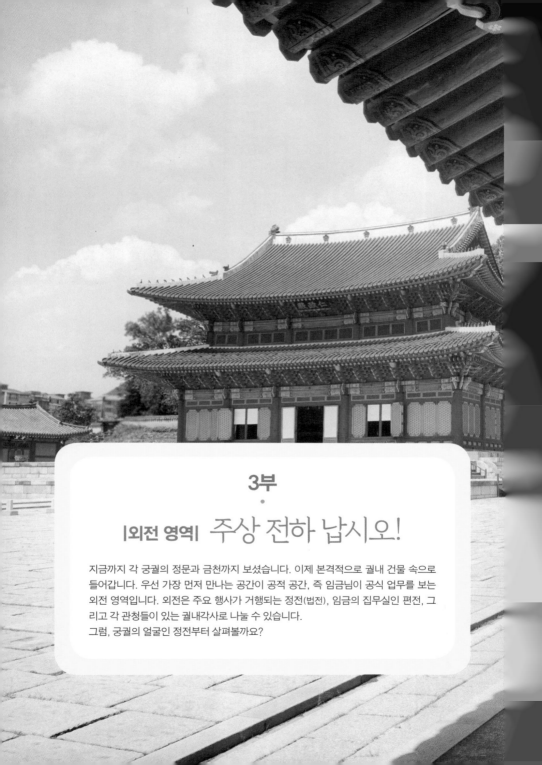

3부

·

|외전 영역| 주상 전하 납시오!

지금까지 각 궁궐의 정문과 금천까지 보셨습니다. 이제 본격적으로 궐내 건물 속으로 들어갑니다. 우선 가장 먼저 만나는 공간이 공적 공간, 즉 임금님이 공식 업무를 보는 외전 영역입니다. 외전은 주요 행사가 거행되는 정전(법전), 임금의 집무실인 편전, 그리고 각 관청들이 있는 궐내각사로 나눌 수 있습니다.

그럼, 궁궐의 얼굴인 정전부터 살펴볼까요?

1장

문무백관을
부르랍신다!
──정전

1418년 8월, 모든 신하들이 경복궁 근정전 앞마당에 모였습니다. 그들은 정해진 자신의 자리에 서서 새 임금을 맞을 준비를 합니다. 드디어 새 임금이 근정문을 통해 들어와 정중앙의 큰 길을 따라 천천히 걸음을 옮깁니다. 근정전에는 왕의 의자인 어좌가 놓여 있습니다. 새 임금이 "모든 것이 부족한 내가 어찌 이 자리에 앉을 수 있단 말인가!" 하자, 신하들은 "전하의 자리시옵니다. 어서 앉으소서."라고 간청합니다. 새 임금은 한참을 망설이다 마지못해 자리에 앉습니다. 그러자 모든 신하들은 일제히 "천세! 천세! 천천세!"를 외치며 새 임금을 향해 충성을 맹세합니다.

조선왕조 500년 역사에서 최고의 성군으로 남은 세종대왕은 이렇게 경복궁 근정전에서 임금으로서의 첫날을 맞이합니다.

만세와 천세

"천세! 천세! 천천세!"는 신하들이 새 임금 세종의 즉위를 축하하면서 외쳤던 말이에요. 그런데 왜 '만세'가 아니라 '천세'일까요?

안타깝게도 조선은 중국의 신하 국가로서 중국 황실을 존중하는 차원에서 황실에서 쓰는 '만세(萬歲)'가 아닌 '천세(千歲)'를 사용했습니다.

정전의 기능과 역할

즉위식처럼 국가의 주요한 행사가 열리면 모든 신하들은 궁궐에서 가장 규모가 있는 정전의 앞마당, 즉 조정에 모여 예를 갖춥니다.

조정은 역사 드라마를 보면 자주 등장하는 단어 중 하나지요. 드라마 속 대사를 한번 살펴볼까요?

"쏭내관, 무엇을 그리 골똘히 생각하시오?"

"걱정입니다. 말씀드리기 송구하오나 곧 조정에 피바람이 불 것이옵니다."

방금 '조정'이란 단어가 나왔어요. 지금은 사라졌지만 예전에는 학교에서 월요일 아침마다 전교생이 운동장에 모여 교장 선생님의 말씀을 듣는 아침 조회가 있었어요. 조선시대 궁궐에서도 이와 비슷하게 정기적으로 아침 일찍 지위가 높은 신하들이 정전 앞마당에 모여 임금님의 말씀을 들었지요. 여기서 유래된 단어가 아침 조(朝), 마당 정(廷)의 뜻을 지닌 '조정'이에요. 하지만 조정은 정전의 앞마당이란 뜻보다 보통 지위가 높은 신하들이 일을 하는 공간을 의미합니다.

경희궁의 정전 숭정전과 조정. 가운데 길이 '어도'다.

품계석. 정1품부터 종9품까지 품계별로 위치한다.

흉배에는 문반을 상징하는 학과 무반을 상징하는 호랑이가 수놓아져 있다.

그런데 조회나 행사 때마다 어떻게 백 명도 넘는 신하들은 자신의 자리를 찾아갈까요? 이를 위해 있는 것이 바로 품계석이에요. 정전을 위에서 내려다보면 가운데 임금의 길, 즉 어도가 있고요. 양쪽으로는 비석 모양의 돌들이 나란히 서 있어요. 이것은 신하들의 지위를 표시한 돌이라 해서 품계석이라 불러요. 원래 이 돌은 없었는데 정조 임금 때 신하들이 너무 자신의 자리를 찾지 못해서 품계석을 만들어 줄을 세웠다고 합니다.

조선시대 관료는 보통 문반과 무반으로 나눕니다. 문반은 학자 출신이고 무반은 군인 출신이에요. 이렇게 문반과 무반을 합친 말이 우리가 흔히 말하는 '양반'입니다. 문반은 가슴쪽에 학 문양의 자수가, 무반은 호랑이 자수가 새겨져 있습니다.

정전의 앞마당(조정)에는 쇠로 만든 고리들이 곳곳에 박혀 있는 것을 볼 수 있어요. 이 고리는 아주 중요한 역할을 했습니다. 정전에서 큰 행사가 있을 때는 보통 건물 바로 앞에 큰 천막을 치는데 이 천막은 때론 햇빛을 가리기도 하고, 때론 비를 막아주는 역할도 해요. 쇠고리는 바로 이 천막을 칠 때 고정을 위해 끈을 묶는 장치입니다.

실제로 헌종 임금 때 행사 장면을 보면 정전 앞에 기둥을 세우고 천막을 쳤어요. 그리고 천막을 고정하기 위해 쇠고리에 끈이 묶여 있는 것을 볼 수 있죠.

또 하나 정전에서 볼 수 있는 물건이 바로 '드므'입니다. 궁궐 건물은 대부분 나무로 만들어요. 그러니 불에 약할 수밖에 없어요. 이렇게 무서운 존재인 불의 기운을 막기 위해서 정전과 같은 주요 건물 앞에는 큰 그릇(드므) 안에 맑은 물을 담아둡니다. 옛날 사람들은 불의 귀신이 드므 속 물에 비친 자신의 모습을 보고 도망친다고 믿었다고 합니다. 물론 미신이겠지요. 그래도 물이 담긴 드므를 볼 때마다 불조심을 해야겠다고 생각하지 않았을까요?

근정전 쇠고리

창덕궁 인정전에서 열린 행사 때 천막을 묶은 고리의 모습

불귀신으로부터 건물을 보호한다는 주술적 의미가 담긴 드므

조선왕조의 상징 — 경복궁 근정전

경복궁이 5대 궁궐의 상징적 존재라면, 경복궁의 상징적인 건물은 근정전입니다. 500년 조선왕조의 힘의 원천은 바로 이곳이 아닐까 합니다.

지금으로부터 약 600년 전, 정도전은 '근정전'이란 이름을 태조 임금께 지어 올리며 이렇게 말했습니다.

"이 세상 모든 일은 부지런해야 다스릴 수 있습니다. 온 백성의 아버지이신 임금도 부지런함으로(勤) 이를 다스려야(政) 할 것입니다."

정말 정도전의 말대로 임금은 부지런해야 합니다. 할 일이 너무 많으니까요. 역사를 보면 부지런한 왕이 훌륭한 왕이 되는 경우가 많아요. 조선의 경우 가장 부지런히 정치를 한, 즉 가장 근정勤政했던 왕은 누구일까요? 조선 전기에는 세종, 후기에는 정조예요. 두 분 모두 최고의 임금으로 평가받고 있죠.

이곳 근정전에서 즉위한 임금으로는 정종, 세종, 단종, 세조, 성종, 중종, 명종, 선조가 있습니다. 모두 조선 전기 임금들이죠. 그 이유는 근정전이 1592년 임진왜란 때 불탄 이후 방치되었다가 1867년 고종 때가 되어서야 다시 지었기 때문입니다. 다시 말해 조선 후기 임금은 근정전을 사용할 수 없었던 거죠.

지금의 근정전은 고종 때 건물이에요. 그럼 임진왜란 전의 근정전과 어떤 차이가 있을까

근정전 내부는 1층 구조로 천장에는 용 조각이, 어좌 뒤로는 병풍이 있다.

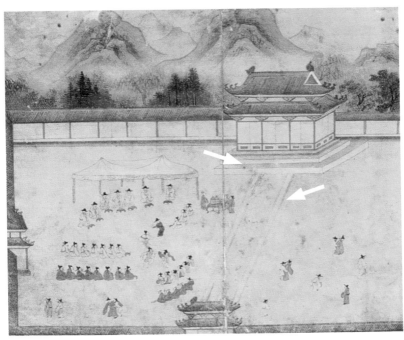

조선 전기인 1535년 근정전의 모습에는 품계석과 난간이 없다.

요? 다행히 500년 전인 중종 때의 근정전 그림이 남아 있어 초기 근정전의 모습을 상상할 수 있어요. 그림을 잘 보세요. 가운데 어도(임금의 길) 양쪽에 품계석이 없어요. 그리고 지금 근정전은 건물 주변에 난간이 있지만 옛날 근정전은 난간이 없어요.

근정전은 밖에서 보면 두 개의 지붕으로 되어 있는 2층 건물처럼 보입니다. 그러나 막상 안쪽을 보면 천장 높이가 어마어마한 1층 구조예요. 천장에는 용 두 마리가 조각되어 있고요. 임금의 의자인 어좌 뒤에는 〈일월오봉도〉 병풍이 놓여 있어요. 〈일월오봉도〉는 말 그대로 '해(일日), 달(월月), 다섯(오五), 봉우리

근정전 서수

근정전의 서수. 어미 품에 있는 새끼가 앙증맞다.

(봉峰)'를 의미하고, 다섯 봉우리 위에 해와 달이 있는 그림(도圖)으로 임금이 있는 곳에 항상 설치한다고 합니다.

중국 자금성의 서수

근정전 주변에는 호랑이, 거북, 용 등 수호신들이 24시간 365일 근정전을 지키고 있어요. 이 수호신들을 자세히 들여다볼까요? 귀엽지 않나요? 이걸 보면 우리 조상들의 감각을 알 수가 있어요. 비록 임금이 있는 곳을 지키는 신들이지만 절대 과하게 조각하지 않았어요. 오히려 보고 있으면 친근감마저 들어요.

반면에 중국 자금성의 서수는 정말 무섭게 생겼죠? 바라만 봐도 두려움이 생깁니다. 근정전을 답사할 때는 시간을 갖고 수호신의 모습을 하나하나 살펴보세요. 표정을 유심히 보는 것도 재미있어요.

또한 근정전의 양쪽에는 큰 그릇이 각각 놓여 있어요. 이건 국가 행사를 할 때 사용했던 향로였다고 합니다. 그런데 이 향로에 대해서는 다른 의견도 있어요. 일부에서는 이 그릇의 이름이 솥을 뜻하는 한자 '정鼎'이며, 정은 하늘의 기

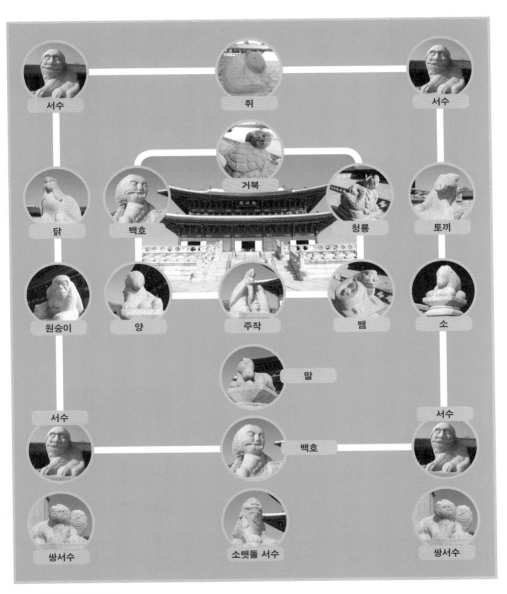

서수   쥐   서수

거북

닭   백호   청룡   토끼

원숭이   양   주작   뱀   소

말

서수   백호   서수

쌍서수   소맷돌 서수   쌍서수

근정전을 지키는 서수

운을 모으는 그릇이라 합니다. 그리고
보니 이 그릇은 경복궁 근정전과 덕수궁
중화전에만 놓여 있고 다른 궁궐의 정전
에는 없어요. 근정전과 중화전의 공통점
이 있다면 근정전은 조선왕조의 시작을,
중화전은 대한제국의 시작을 알리는 곳
이었죠. 그렇다면 혹시 새 시대가 열리
니 하늘의 기운을 담기 위해 이 그릇을
설치한 게 아닐까요? 이것이 향로인지

근정전의 정 또는 향로

정인지는 앞으로 우리가 좀 더 연구해 봐야 할 일인 듯해요.

근정전 회랑의 비밀

근정전은 주변이 회랑으로 둘러싸여
있습니다. 회랑은 기둥 위에 지붕을 얹
어 사람들이 비를 안 맞고 다닐 수 있는
일종의 복도 같은 곳이에요. 회랑에는
안쪽과 바깥쪽 각각의 기둥들이 있는
데 지금은 둘 다 뻥 뚫려 있었지만 조선
시대 회랑의 안쪽은 창고나 사무실 같
은 실내 공간이었다고 합니다. 예를 들
어 행사 때 사용하는 각종 악기나 깃발

등을 보관했던 창고라든지 또는 궁중 수비와 호위를 맡은 관청 등이 이곳에 있었어요.
그러나 일제강점기에 조선총독부가 이곳을 유물 전시장으로 개조하면서 벽이 허물어졌
고, 지금은 이렇게 기둥만 남은 회랑이 되었습니다.

조선 후기 대표 정전 — 창덕궁 인정전

창덕궁의 정전(법전)은 인정전입니다. 임진왜란 이후 창덕궁이 경복궁을 대신하여 법궁이 되니 인정전 역시 조선 후기 정전으로서 그 역할을 했습니다.

경복궁의 근정전처럼 인정전 앞마당인 조정에는 박석이 깔려 있고, 박석 위에는 신하들의 지위가 적힌 품계석이 있습니다. 그런데 박석의 모양이 어쩐지 부자연스럽지 않나요?

조정의 박석은 자연석을 살짝 다듬어 덮었다고 합니다. 인정전의 옛 모습을 볼까요? 동궐도에 묘사된 인정전 앞마당의 돌 모양은 둥글둥글합니다. 그러나 일제강점기에 일본인들은 이 돌을 모두 걷어내고 대신 이곳을 일본식 정원으로 바꿔버렸죠. 광복 이후 정원은 사라졌지만 대한민국 정부가 이곳을 잔디밭으로 만들어버립니다. 다행히 이후 잔디를 걷어내고 다시 돌을 깔았지만, 그 모양이 기계로 자른 듯 직사각형의 형태예요. 복원이라 함은 시간과 비용이 더 들더라도 최대한 옛것과 비슷하게 만들어야 하는데 현실은 그렇지 못했습니다.

박석이 깔린 원래 인정전의 모습

창덕궁 인정전. 앞마당의 박석 모양이 매우 인위적이다.

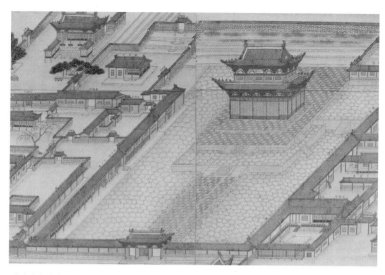

인정전의 앞마당에는 지금과 다르게 자연석처럼 보이는 둥글둥글한 돌들이 깔려 있다.(동궐도)

인정전의 실내 역시 많은 부분이 변해 있습니다. 전등을 설치했고 내부의 바닥도 원래는 경복궁 근정전 바닥처럼 돌이 깔려 있어야 하는데 마루로 덮여 있습니다. 전등과 커튼은 서양 문물이 들어오면서 설치된 것 같고요. 특히 커튼과 문 틀이 노란색인 이유는 대한제국, 즉 황실을 상징하는 색이기 때문입니다.

일본식 정원이 들어선 인정전

일반적으로 궁궐을 지을 때는 정전 뒤에 편전과 내전이 존재해야 하는데 창덕궁은 지형상 인정전 뒤편이 동산으로 되어 있어서 북

광복 이후 잔디가 깔린 인정전 조정

쪽이 아닌 동쪽으로 건물들이 들어서 있습니다. 아무래도 최대한 자연을 거스르지 않게 건물을 지으려는 조상들의 의지가 아니었을까 합니다. 집 안에 바위가 하나 있어도 그 바위가 자연의 한 부분이라 여겨 그냥 놓아두는 경우가 많았거든요. 창덕궁의 구조도 이와 비슷하다고 할 수 있습니다.

전돌이 깔려 있어야 할 인정전 내부 바닥은 일제강점기를 거치면서 마루로 바뀌었다.

대한제국의 상징 오얏꽃

인정전 지붕 끝 용마루에는 꽃 문양이 새겨져 있어요. 원래는 없었으나 대한제국이 건국되면서 붙여졌다고 해요. 조선을 만든 왕이 태조 이성계이고, 조선의 모든 왕은 성이 이씨예요. 그런데 '이(李)'를 사전에서 찾아보면 '오얏꽃'이란 뜻도 있어요. 그래서 대한제국의 상징을 오얏꽃 모양으로 만든 거죠. 실제로 고종과 순종이 머물렀던 덕수궁과 창덕궁에는 이런 오얏꽃 문양이 많이 있어요.

인정전 용마루의 오얏꽃 문양

대한제국의 상징 오얏꽃 문양

창덕궁이 세계문화유산이 된 이유

창덕궁이 세계문화유산이 된 가장 큰 이유는 자연과의 조화와 융합에 있습니다. 사실 경복궁은 전형적인 중국 양식을 기본으로 설계된 궁궐입니다. 규모도 창덕궁보다 훨씬 크며 넓은 대지 위에 중국의 전통 궁궐 배치에 따르려 노력했지요. 하지만 창덕궁은 산자락에 위치한 주변의 지형을 잘 살려 지었습니다. 언덕을 깎아 평야로 만들어 건축을 한 것이 아니라 그 언덕 그대로를 이용해 건축을 한 것입니다. 그래서 창덕궁은 비록 규모는 작지만 위에서 내려다 보면 마치 산속 정원인 것처럼 자연과 잘 어우러져 보이는 자연 속 궁궐의 모습을 하고 있습니다.

오른쪽으로 갈수록 조금씩 낮아지는 다리의 높이. 작은 다리 하나도 자연 지형을 그대로 살려 만들었다.

현존하는 가장 오래된 정전 — 창경궁 명정전

창경궁의 정전인 명정전은 1616년 만들어진 이후 지금까지도 원형이 그대로 보존된 건물입니다. 대단하죠? 옷도 시대별로 유행이 있듯 건축도 마찬가지예요. 우리는 명정전을 통해 무려 400년 전 유행했던 건축 양식을 볼 수 있어요. 그래서

일제강점기 명정전의 모습

역사적으로나 건축학적으로 가치가 높은 건물이라고 합니다.

명정전의 규모는 상당히 작습니다. 2층 모양의 근정전과 인정전에 비해 명

400년의 시간을 간직하고 있는 창경궁의 정전 명정전

정전은 1층 모양이에요. 창경궁은 원래 왕
실 가족의 생활 공간으로 지었기 때문에
국가 행사를 하는 정전이 상대적으로 작
게 만들어진 거예요.

명정전 내부

　창경궁을 처음 만든 성종은 이런 이야
기를 했다고 해요.

　"임금은 반드시 남쪽을 보고 나랏일을
봐야 하는데 이 창경궁은 동쪽을 바라보고 있으니 이곳은 임금이 나랏일을 보
는 곳이 아니다!"

되살아난 정전 — 경희궁 숭정전

슬프게도 경희궁은 궁궐 터조차 거의 남
아 있지 않아요. 그래도 다행히 몇 개의
건물이 복원되었는데 그중 하나가 바로
정전인 숭정전입니다. 이곳에서 즉위한
왕으로는 경종, 정조, 헌종이 있습니다. 숭
정전은 창경궁의 명정전처럼 1층 양식이
에요. 그것은 경희궁이 창경궁과 함께 주
로 보조 궁궐로 기능을 했기 때문입니다.

그런데 지금 서울에 두 개의 숭정전이
존재한다는 사실을 아시나요? 한 곳은 새
로 복원된 숭정전이며, 다른 한 곳은 동국
대학교의 불당으로 사용되고 있는 옛 숭
정전입니다.

원래는 숭정전 복원 공사를 할 때 동국
대학교 내에 있는 원형을 옮겨오려고 했
어요. 그런데 원형 숭정전이 옮겨지기엔
너무 낡은 거예요. 그래서 어쩔 수 없이
새로 복원하게 된 것이라고 합니다. 그래
도 다행인 것은 경희궁 터 발굴 당시, 돌
계단의 서수 등 땅에 묻혀 있던 귀중한 보
물들이 발견되어 복원 공사 때 사용될 수

다시 복원된 경희궁의 정전 숭정전

원래 숭정전은 현재 동국대학교 내 법당으로
사용되고 있다.

복원된 숭정전 내부

〈숭정전진하전도〉(1710). 신하들이 숭정전에서 숙종 임금에게 술을 올리는 모습이다.

있었습니다. 비록 현대식 기계로 자르고 붙이고 했지만 앞으로 50년이나 100년 후에는 그 가치가 재평가될 것입니다. 궁궐은 어느 날 일시에 만들어진 게 아니라 조금씩 다듬어지는 것이니까요. 부디 오늘의 노력이 후대에 좋은 평가를 받을 수 있길 바랍니다.

대한제국의 정전 ─ 덕수궁 중화전

덕수궁의 정전은 중화전입니다. 그런데 이름이 좀 생소하죠? 경복궁의 근정전, 창덕궁의 인정전, 창경궁의 명정전, 경희궁 숭정전처럼 궁궐의 정전은 '정'자 돌림인 것에 반해 덕수궁의 정전은 중화전이네요? 여기에는 여러 해석이 있지만 덕수궁 자체가 대한제국 황궁으로 시작된 궁궐이기 때문에 이름을 달리한 것이 아닌가 합니다.

황궁의 정전답게 곳곳에 봉황이 아닌 용이 새겨져 있고요, 문틀 역시 황제의 색인 노란색을 사용했어요. 그런데 대한제국의 정전치고는 너무 작은 느낌입니다. 특히 근정전이나 인정전에 비하면 말이죠.

중화전은 원래 중층 구조였으나 화재 후 단층으로 지어졌다.

원래 중화전도 근정전처럼 아주 웅장했어요. 그러나 1904년 화재로 인해 불타버립니다. 물론 다시 지어야 하지만 일제의 압박 등 여러 사정으로 지금처

덕수궁의 정전 중화전

럼 작게 지어지고 말아요.

그런데 중화전의 슬픔은 여기서 끝이
아니에요. 보통 정전은 회랑으로 둘러싸
여 있기 마련이죠. 그런데 중화전의 회랑
은 없어요. 다 사라집니다. 단지 정문인 중
화문만 남아 있어요. 문이 있는데 담이 없
으니 사람들은 어느 방향에서든 자유롭게
중화전으로 들어갑니다. 심지어 "이곳에
회랑이 있었어?"라고 말하는 사람들도 많
아요. 다행히 동쪽 끝에 아주 일부는 남아
있는데 안을 보면 벤치가 놓여 있어요. 근
엄해야 할 정전의 회랑이 휴게소가 된 거
지요. 제발 하루 빨리 제 모습의 중화전을
볼 수 있으면 좋겠네요.

회랑은 사라지고 문만 남은 중화전

그나마 남은 중화전 회랑은 현재 휴게소로 사
용되고 있다.

중화전 내부

덕수궁의 정전 중화전

경희궁의 정전 숭정전

2장

지혜로운 정치를
하시옵소서!
― 편전

이곳은 창덕궁의 편전인 선정전. 많은 신하들이 임금인 영조의 결정에 반대를 합니다.

"전하, 어명을 거두시옵소서! 한양에 물난리 난 지가 한 달도 안 되옵니다. 이 시기에 청계천 준설공사(개천의 모래를 파내는 공사)라니요. 지금 백성들에게 필요한 것은 옷 한 필과 쌀 한 톨이옵니다."

그러나 영조는 물러서지 않습니다. 신하들을 설득하기 위해 이미 그는 관련 책을 읽고 전문가들의 의견을 들었어요.

"그대들의 말은 일리가 있다. 하지만 지금 쌀 한 톨은 당장에 도움이 될 수 있을지 모르나 이는 단지 일시적인 조치일 뿐이다. 지난 5년간의 기록을 보았는가? 내 직접 살펴보니 매년 되풀이되고 있었다. 어느 누가 다음 해 이런 물난리가 안 난다고 보장할 수 있겠는가? 사람이란 본래 시간이 지나면 잊는 법이다. 지금 고통받을 때 백성들은 더 공사의 필요성을 느낄 것이다. 그러니 지금 당장 이 일을 시행토록 하라."

〈수문상관역도〉. 1760년 영조는 대대적인 청계천 보수 공사를 명했고 직접 공사 현장을 방문하기까지 했다.

편전의 기능과 역할

편전은 요즘으로 비유하면 대통령 집무실 같은 곳이에요. 대통령이 각부 장관들에게 보고를 받듯, 조선시대 임금은 편전에서 대신들의 보고를 받았어요. 또한 편전은 사극에서 단골로 나오는 궁궐 건물이에요. 임금 옆에 내시가 서 있고 앞쪽으로는 신하들이 앉아 있는 장면이 많이 나오죠. 그곳이 바로 편전의 모습입니다. 임금은 편전에서 명령도 하고 때로는 반대 입장을 펴는 신하를 설득하기도 합니다.

우리는 조선시대 임금이라면 뭐든지 마음대로 할 수 있다는 편견을 가질 수 있습니다. 그러나 절대 그렇지 않아요. 신하들이 반대를 하면 신하들을 설득해야 합니다. 설득하기 위해서는 열심히 공부도 해야 했습니다.

생각하고 또 생각하라! — 경복궁 사정전

경복궁이 건립되고 각 건물별로 이름을 지을 때, 정도전은 태조 임금께 다음과 같이 말했습니다.

"세상의 모든 것들은 생각을 하면 얻을 수 있고 생각을 하지 않으면 잃게 됩니다. 임금께서 생각을 많이 하시면 많은 것을 얻을 것이며 이는 만백성이 행복해지는 길이옵니다. 그래서 편전의 이름을 생각할 '사', 다스릴 '정'을 써 '사

사정전과 부속 건물인 만춘전, 천추전

정思政'이라 지었사옵니다."

여기에는 임금이 어떤 일을 결정하기 전에 많은 생각을 해달라는 부탁이 담겨 있습니다.

사정전은 정전인 근정전 바로 뒤에 있습니다. 정문인 사정문을 통해 들어가면 사정전이 나오고 양쪽에 보조 건물들이 있는데 왼쪽으로는 '천추전'이, 오른쪽으로는 '만춘전'이 자리 잡고 있습니다. 경복궁의 사대문에서도 그랬지만, 춘春(봄)은 동쪽을 의미하고 추秋(가을)는 서쪽을 의미하지요. 그래서 이곳 건물의 이름도 이렇게 지었나 봅니다.

사정전의 내부

지금은 사정전을 중심으로 양쪽 건물들이 모두 따로 떨어져 있지만 옛날에는 이 건물들이 서로 복도를 통해 연결되어 있었다고 합니다. 왜냐하면 조선시대 임금님은 땅을 거의 밟지 않았어요. 그래서 웬만한 건물이 모두 연결되어 있었던 거지요.

사정전 앞쪽으로는 여러 개의 창고

사정전 앞 창고에 붙어 있는 천자고

가 있는데 흥미로운 것은 창고에 걸린 팻말이에요. 1호, 2호 등의 숫자를 붙인 게 아니라 천(天)자고, 지(地)자고 등 천자문의 순서대로 호실을 정했다는 사실입니다.

아하!그렇구나!

사정전 앞의 해시계 보기

이곳 사정전에는 흥미로운 물건이 하나 있어요. 바로 해시계입니다. 대한민국 국민이면 누구나 아는 해시계. 그러나 정작 해시계를 볼 줄 아는 사람은 별로 없어요. 그래서 소인 쏭내관이 여러분들께 가장 쉽게 해시계 보는 방법을 알려드릴게요.

해시계는 아래위로는 시간이 적혀 있고, 좌우에는 계절이 적혀 있어요. 자, 바늘 그림자의 끝을 한번 보세요. 그리고 그 끝을 좌 또는 우로 선을 따라가보세요. 입춘을 가리키면 계절이 봄입니다. 이제 상하로 올라가보세요. 그림자 끝이 만약 오시(11~13시)에 닿으면 이 해시계를 본 순간은 봄날 정오(12시)란 뜻이 됩니다.

시간

계절

군사 통제 구역에서 풀려난 — 경복궁 집옥재

"세월 좋아졌네!"라는 말은 꼭 어른들만 쓰는 말은 아니에요. 왜냐하면 경복궁 북쪽에 위치한 집옥재 때문입니다. 사실 얼마 전만 해도 집옥재는 감히 쳐다볼 수도 없는 곳이었습니다. 높은 담장 사이 철문에는 헌병이 지키고 서 있고, 호기심에 문틈 사이로 보이는 집옥재를 사진 찍으면 바로 제재를 당했죠. 그 이유는 이곳이 군사 통제 구역이기 때문입니다.

1961년 5·16 쿠데타로 정권을 잡은 박정희 대통령 시절, 이곳에는 청와대와 가깝다는 이유로 경호 부대가 들어섭니다. 그러니 담벼락 사이의 철문이 군

집옥재와 부속 건물인 협길당, 팔우정

게 닫혀 있게 되고 일반인의 통행은 철저히 금지되었죠. 그러나 시대가 바뀌면서 이곳 집옥재도 다른 건물들처럼 누구나 관람할 수 있는 곳이 되었습니다.

양쪽으로는 협길당과 팔우정으로 연결되어 있고, 집옥재에서 고종은 많은 책을 읽었고 또 외국 공사(대사)를 초청해 이야기를 나누었다고 합니다. 특히 복도에 설치된 유리창은 서양 문물이 들어오기 시작한 당시의 모습을 잘 보여주고 있어요.

풍성히 베푸는 정치 — 창덕궁 선정전

창덕궁의 편전은 선정전입니다. 경복궁의 편전인 사정전에 양쪽으로 보조 편전이 있었듯, 선정전 역시 주변에 희정당, 보경당 같은 보조 편전이 있었습니다. 선정전은 창덕궁이 세워질 당시에는 '조계청'이라 불렸는데, 이후 세조 때 '정치는 베풀어야 한다'는 뜻을 담아 '선정'이란 이름으로 바뀌게 됩니다. 지금의 선정전은 임진왜란 이후 재건된 옛 모습을 그대로 간직하고 있는 건물입니다. 무엇보다 일제강점기와 한국전쟁에서 살아남았다는 것 자체만으로도 우리에게는 매우 소중한 보물이 아닐 수 없어요.

창덕궁 선정전 내부

창덕궁 선정전(동궐도)

창덕궁 선정전의 모습

선정전의 가장 큰 특징은 청기와입니다. 조선시대에 청기와는 가격이 워낙 비싸서 선정전처럼 중요한 건물에만 사용했다고 해요. 참고로 임진왜란 이전의 경복궁의 정전인 근정전도 청기와를 사용했다는 기록이 있습니다.

한국전쟁 때에도 살아 남은 창덕궁 선정전

선정전은 경복궁의 사정전처럼 앞마당을 갖추고 있어 소규모의 행사를 진행할 수 있었습니다. 선정전 안으로 들어가면 경복궁의 사정전처럼 임금님께서 앉았던 어좌 뒤로 〈일월오봉도〉 병풍이 있으며, 앞쪽으로는 그리 넓지 않지만 신하들이 앉을 수 있는 공간이 있습니다. 또한 인정전처럼 내부에는 전등이 있고, 앞쪽으로는 불 귀신이 접근하지 못하도록 드므가 놓여 있습니다.

슬픈 역사, 반쪽의 복원 — 창경궁 문정전

창경궁의 문정전은 정전인 명정전의 왼쪽에 있습니다. 창경궁이 비록 창덕궁의 보조 궁궐로 생활 공간이 많긴 하지만 그래도 궁궐이기 때문에 정전과 편전은 갖추고 있습니다. 이곳 문정전 역시 다른 건물처럼 일본인들에 의해 두 번 사라지는 수모를 겪죠. 400년 전 임진왜란과 100년 전 일제강점기입니다.

문정전은 다행히 1986년 다시 제 모습을 찾았으나 당시 앞쪽 복도각은 제외되었어요. 200년 전 문정전의 모습을 한번 볼까요?

앞쪽으로 "ㄴ"모양의 복도가 설치되어 있어요. 요즘 학교에는 본 건물과 강당 사이에 지붕이 있는 복도가 설치되어 비가 와도 우산 없이 이동할 수 있죠. 그것과 같다고 보시면 돼요. 그런데 이 복도각을 빼고 문정전만 지은 거예요. 문정전 앞마당의 잔디밭이 바로 복도각의 흔적이라고 할 수 있습니다. 또한 문

창경궁 문정전과 앞쪽 복도각의 모습(동궐도) 문정전 앞뜰의 잔디밭과 주춧돌. 원래 있었던 복도각의 흔적이다.

정전은 영조가 아들 사도세자를 뒤주에 가둬 죽인 비극의 장소이기도 해요.

쓸쓸한 내부 ― 경희궁 자정전

경희궁의 건물을 언급할 때마다 제 한숨 소리를 들으셨을 겁니다. 경희궁의 몇
안 되는 복원 건물 가운데 편전의 역할을 했던 건물이 바로 자정전입니다.

　자정전은 정전인 숭정전 바로 뒤에 위치해 있지만 경희궁의 지리적 특성상
상당히 가파른 언덕 위에 있어 자정전으로 가는 길에는 아주 높은 계단이 있어
요. 이곳을 자주 사용했던 분으로 숙종과
영조가 있습니다. 자정전 역시 창경궁 문
정전처럼 복도각은 빼고 건물만 복원되었
어요. 200년 전 자정전의 모습이 그려진
서궐도를 보면 분명 복도각이 있지요. 게
다가 실내에는 임금의 의자인 어좌나 〈일
월오봉도〉 병풍도 없습니다. 조금만 더 신

자정전과 복도각(서궐도)

경희궁의 편전 자정전

아무것도 복원되지 못한 자정전 내부

경 쓰면 될 일인데 너무 안타깝습니다.

고종 황제의 업무 공간 — 덕수궁 준명당, 석어당, 덕홍전, 중명전

기능에 따라 궁궐을 설명하다 보면, 전각의 쓰임이 모호해질 때가 있습니다. 궁궐의 건물은 시대와 사람에 따라 그 용도를 달리하는 경우가 많거든요. 특히 대한제국 시기에 고종 황제가 사용했던 덕수궁은 더욱 그러한데요. 고종은 준명당, 석어당, 덕홍전, 중명전 등에서 업무를 보거나 손님을 접견했다고 합니다. 이 중 덕홍전은 내부에 붉은색 양탄자가 깔려 있고 어좌와 함께 병풍도 있어 제국의 편전으로서의 모습을 보여주고 있습니다.

고종 황제와 신하들(준명당)

덕수궁 준명당

덕수궁 석어당

덕수궁 덕홍전

덕수궁 중명전

　마지막으로 지금은 덕수궁 영역과 좀 떨어져 있는 것처럼 보이지만 근대 건물인 중명전이 있습니다. 대한제국 시절 덕수궁의 영역은 지금보다 훨씬 넓었습니다. 당시 중명전에서 고종은 외국 사신을 맞이하고 업무를 보기도 했습니다. 그리고 이곳 중명전은 우리에게는 치욕의 역사인 을사늑약, 즉 이토 히로부미가 친일파들을 시켜 우리의 외교권을 강제로 빼앗아간 현장이기도 합니다.

3장

전하께 주청을 올리옵니다
─ 궐내각사

이곳은 궁궐 내 관청들이 모여 있는 궐내각사예요.
"어젯밤 전하께서 도성에 대한 대대적인 공사를 명하셨습니다. 지금의 도성은 건축한 지 100년이 넘어 노후했기에 이번에 새로 축대를 쌓고 성을 높여야 한다는 어명이니 오늘 안으로 관련 부서에 전달해 더욱 자세한 계획을 잡아보라고 해야 합니다."
이곳은 바로 왕명을 전달하는 비서기관인 승정원의 회의 시간이네요. 다른 곳으로 이동해 볼까요?
"영감, 요즘 공빈마마께 태기가 있는 것 같사옵니다."
"아니, 이런 경사스러울 때가 있는가! 내 오늘 바로 전하께 이 소식을 전하겠네."
바로 허준이 근무했던 내의원입니다.
"요즘 궐 안의 경비가 허술해졌다는 지적이 있소이다. 특히 광화문을 지키는 호위대의 경우 야밤에 술을 마시는 자까지 있다 하니 도대체 말이 되는 일이오? 내 이 일은 묵과하지 않을 것이니 모두 궐 안팎의 경계를 바로 서야 할 것이오. 알겠소?"
궁궐 안팎을 수비하는 부서의 아침 회의 내용입니다.
이렇듯 궁궐은 임금을 중심으로 수많은 신하들이 각자의 일을 하는 공간입니다.

궁궐 안 관청, 궐내각사

궁궐 안에는 임금을 도와 일을 하는 관청들이 있습니다. 보통 이 공간을 통틀어 '궐내각사', 즉 궁궐 안에 있는 각각의 관청이라고 부릅니다. 물론 궁궐 밖 관청은 궐외, 즉 '궐외각사'라 부르죠. 대표적인 궐외각사로는 현재 광화문 앞 세종로에 있는 육조입니다. 육조라 함은 오늘날 외교부, 법무부, 국토부 등의 역할을 하는 관청이에요.

궐내각사에는 정승들이 회의를 하는 빈청도 있고요, 국립중앙도서관처럼 수많은 서적을 보관했던 규장각(내각), 소인과 같은 내시들을 관리했던 내반원, 임금에게 다양한 정보를 제공해 주는 요즘의 포털사이트 같은 역할을 했던 홍

지금의 세종로 양쪽에는 의정부, 한성부 등 궐외각사들이 위치해 있었다.

문관(또는 옥당) 등 많은 관청들이 있습니다.

조선의 인재가 모였던 곳 — 경복궁 궐내각사

세종대왕은 조선왕조 500년 역사 가운데 가장 훌륭한 업적을 남긴 임금입니다. 그중 하나를 꼽는다면 단연 한글 창제죠. 바로 이 한글 창제에 많은 역할을 했던 관청인 집현전 역시 경복궁의 궐내각사 관청 중 하나였어요. 이곳에 발탁된 신하들은 밤낮으로 연구하면서 세종대왕을 도와 조선왕조 역사상 최고의 전성기를 이끌게 됩니다.

　그날 밤에도 여전히 집현전의 불은 환하게 밝혀져 있었습니다. 세종대왕은 궐 안을 산책하다 늦은 시각 집현전에 불이 켜져 있는 것을 보고 슬그머니 문을 열어봅니다. 그곳에는 집현전 학자 신숙주가 피곤한 나머지 책을 보다가 잠이 들어 있었습니다. 세종대왕은 묵묵히 그 광경을 지켜보다 자신의 곤룡포(임금님의 의복)를 벗어 신숙주에게 덮어줍니다.

　이러한 일화로 유명한 집현전은 세조 임금 때에 왕의 명령을 각종 서류에 기록하고 정리하던 예문관으로 사용되었고, 시간이 흘러 고종 임금 당시에는 이름이 수정전으로 바뀌면서 잠시 왕의 집무실인 편전이 되기도 했습니다. 경복궁 궐내각사 영역은 이 수정전을 중심으로 많은 관청들이 있어요.

　자, 그럼 어떤 관청이 어떤 일을 했는지 한번 살펴볼까요?

근정전 서쪽으로는 많은 관청들이 모여 있는 궐내각사가 있었다.

- **내의원** 왕실 병원

- **수라간** 수라상을 장만하는 부엌

- **공상청** 음식 재료를 준비하는 곳

- **승정원** 임금의 명령을 각 관청에 전달하는 비서실

- **홍문관(또는 옥당)** 임금이 일하는 데 필요한 자료 등을 준비하는 곳

- **빈청** 높은 직책의 신하들이 회의하는 곳

- **내반원** 임금의 시중을 드는 내관들을 관리하는 곳

- **규장각(내각)** 국립도서관처럼 각종 서책을 보관하는 곳

그러나 이렇게 많은 관청들이 있어야 할 경복궁의 궐내각사 영역에 지금은 넓은 잔디밭만 남아 있습니다. 그 이유를 이제는 다 아시겠지요? 일제강점기 동안 하나둘 건물이 사라지면서 결국 넓은 공터가 남았고, 그곳은 잔디밭으로 채워지고 말았어요. 심지어 당시 일본인들은 이곳에 돼지우리를 만들기도 했어요. 정말 어처구니없는 일입니다. 그나마 다행인 것은 가까운 미래에 다시 많은 관청들이 복원될 예정이라고 합니다.

일제강점기 경복궁 궐내각사의 모습. 앞쪽으로 가축우리가 만들어져 있다.

현재 유일하게 남아 있는 수정전

복원된 관청들 — 창덕궁 궐내각사

창덕궁의 궐내각사 영역은 크게 정전인 인정전을 중심으로 동쪽과 서쪽으로 나눌 수 있습니다. 당연하겠지요? 임금님의 공간과 가까워야 일의 효율성이 높아질 테니까요. 그러니 얼마나 많은 관청들이 주변에 있었을까요? 물론 창덕궁 역시 경복궁처럼 대부분의 영역이 일제강점기에 사라지고 맙니다. 그래도 2000년대 들어 인정전 서쪽의 일부 관청들이 복원되면서 그 기능을 알 수 있게 되었습니다.

이제 창덕궁의 궐내각사에는 어떤 관청들이 있었는지 살펴볼게요.

우선 규장각이 있어요. 규장각은 요즘으로 비유하면 국립중앙도서관과 박물관의 역할을 동시에 한 관청이에요. 역대 임금들의 유품을 보관하기도 하고요. 국내외 중요한 책들도 이곳에 가면 볼 수 있죠. 정말 우리 역사의 보물창고나 다름없어요. 정조 임금은 이런 보물들이 혹시 화재로 불탈 수 있으니 궁궐 외(外)에도 규장각을 만들어야 한다며 강화도에 외(外)규장각을 만들기도 했어요.

규장각 근처에는 예문관이 있어요. '예문藝文'은 '아름다운 문장'이란 뜻입니다. 예문관은 궁궐 내 모든 문서를 만드는 글쓰기의 달인들이 일하는 곳이에요. 명나라나 일본에 보내는 외교 문서도 작성하고요. 임금의 공식적인 명령도 만듭니다. 요즘으로 비유하면 청와대 연설 비서관실이라 생각하면 이해가 쉬울

규장각

예문관

거예요.

예문관 옆에는 임금의 건강을 관리하
던 약방, 즉 내의원이 있어요. 내의원의
최고 책임자는 당연히 임금의 의사인 어
의입니다. 어의 하면 〈동의보감〉을 만든
동양 최고의 의사 허준이 떠오릅니다. 실
제로 허준은 이곳 창덕궁 내의원에서 일
을 했어요. 이처럼 궁궐은 임금만의 공간
이 아니었어요. 허준, 정철, 이이, 정약용
같은 위인전 속 주인공들의 일터이기도
했으니까요.

약방

내의원 옆에는 홍문관이 위치해 있어
요. 홍문관 관리들은 임금에게 다양한 정
보를 전달해 주는 브레인 같은 존재였어
요. 그래서 조선시대 임금은 홍문관을 자
주 이용했어요. 임금과 늘 가까우니 자
연스럽게 많은 학자들이 들어가고 싶어
하는 관청이 되었겠죠? 그래서 조선시대

홍문관(옥당)

영의정, 우의정, 좌의정치고 이곳 홍문관을 거쳐가지 않은 사람이 없을 정도로
꿈의 직장이었던 거예요. 사람들은 홍문관을 한자로 '구슬 옥' 자를 써서 구슬
같은 집, 옥당玉堂이라 불렀어요. 실제로 홍문관에 가보면 옥당이란 편액이 붙
어 있습니다.

정전인 인정전 앞쪽으로는 내병조가 있어요. 내병조는 궐내 병조란 뜻인데

병조는 조선시대 국방부와 같은 관청이에요. 원래는 궁궐 밖에 있지만 임금이 모든 군대를 통수하기 때문에 궁궐 내에도 특별히 병조를 둔 거예요.

내병조

내병조 옆으로는 호위청이 있어요. 말 그대로 궁궐을 호위하는 기관입니다. 드라마에서 자주 보던 바로 그 모습이죠. 궁궐은 왕실 가족뿐 아니라 다양한 사람들이 일과 생활을 하는 곳이니 궁궐 내 치안을 담당하는 경찰서라고 생각하면 됩니다.

호위청

호위청 옆으로는 상서원이란 편액이 걸려 있습니다. 상서롭다라는 말 들어보셨죠? 뭔가 귀하고 보통이 아니라는 뜻이에요. 궁궐 내 상서로운 물건으로는 무엇이 있을까요? 바로 임금의 도장인 옥새입니다.

상서원

임금이 된다는 것은 옥새를 받는다는 뜻이에요. 혹시 임금이 갑자기 돌아가시면 군인들은 가장 먼저 이곳 상서원을 지킵니다. 혹시 옥새가 다른 사람에게 넘어가면 혼란이 올 수 있기 때문이죠. 이외에도 정청, 원역처소 등 다양한 관청들이 인정전을 중심으로 위치해 있습니다.

창덕궁 인정전 서쪽의 궐내각사

인정전 서쪽의 궐내각사에는 내의원, 규장각, 예문관 등 많은 관청들이 위치해 있다.

공터로 남은 인정전 동쪽의 궐내각사

지금까지는 인정전을 중심으로 서쪽과 남쪽에 있던 관청을 살펴보았습니다. 이제 인정전의 동쪽 지역을 살펴볼게요. 그나마 서쪽 지역은 많은 건물들이 복원되었지만 동쪽은 여전히 잔디밭과 넓은 공터로 남아 있습니다. 이 중 유일하게 그 모습을 간직하고 있는 곳이 바로 빈청입니다.

빈청은 임금이 일하시는 편전만큼 중요한 곳으로 영의정, 우의정, 좌의정이 회의를 하는 장소입니다. 조선왕조라고 해서 임금 마음대로 할 수 있는 것은 별로 없습니다. 임금은 자신이 원하는 정책을 실행하기 위해 주요 신하들을 설득하고 그들의 동의를 얻어야 합니다. 그렇게 왕과 신하들이 서로 견제하고 협력하며 국가를 이끌어갔습니다. 바로 그곳이 빈청입니다. 그러나 일제강점기

빈터로 남아 있는 인정전 동쪽 궐내각사 터

궐내각사 중 유일하게 일부가 남아 있는 빈청. 지금
은 궁궐 내 카페로 사용되고 있다.

에 순종 황제의 자동차(어차)가 들어오면서 빈청 건물은 완전히 변형되어 차고
로 쓰이고 맙니다. 광복 이후에 빈청은 어차 전시관으로 사용되다 어차가 고궁
박물관으로 옮겨진 이후 카페로 사용됩니다. 슬픈 현실이 아닐 수 없습니다.

그럼 이곳에는 어떤 관청들이 있었을까요? 200년 전 이곳을 묘사한 동궐도
를 살펴볼까요?

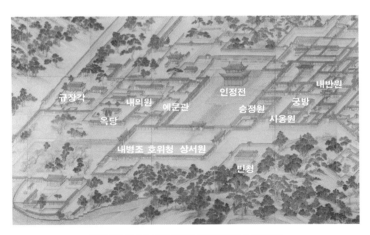

인정전을 중심으로 한 창덕궁 주요 궐내각사(동궐도)

우선 임금님의 비서들이 일을 하는 승정원이 있고요. 전국에서 올라오는 진상품과 궁중 음식을 관리했던 사옹원도 있고요. 내시들을 관리하는 내반원도 있어요. 내시는 궁궐 내 사정을 누구보다 잘 아는 사람이에요. 특히 내시들의 대장격인 상선영감은 항상 임금 곁을 지키죠. 영의정, 우의정 대감들도 함부로 대할 수 없을 만큼 높은 지위와 권력을 갖고 있었습니다. 그 외에도 음식을 만드는 부엌인 수라간, 화살을 관리하는 궁방 등 다양한 관청이 이곳 인정전 동쪽에 있었습니다.

동물원이었던 창경궁 궐내각사

창경궁은 주로 왕실 가족의 생활 공간으로 활용된 궁궐이었습니다. 하지만 창덕궁과 같은 담장 안에 있었기 때문에 창덕궁의 많은 관청들이 이곳 창경궁 남쪽으로 만들어졌습니다.

창경궁 내 관천대와 말을 관리하는 관청인 내사복시(동궐도)

동궐도를 보면 창경궁 남쪽으로는 책을 만들기 위해 필요한 활자를 만드는 주자소도 있었고요. 별자리를 관찰하는 천문대나 물시계 등을 관리하는 관청, 특히 왕실 가족들이 사용하는 가마나 말을 관리하는 관청이 궁궐 남쪽에 있었습니다.

그러나 이 건물들도 일제강점기에 모두

창경궁의 궐내각사 터

다 헐려버립니다. 그리고 이곳에는 코끼리, 하마를 키우는 동물원이 만들어집니다. 이후 1980년대 들어 서울대공원이 생기고 동물원이 옮겨진 뒤 궐내각사 터는 다시 잔디밭이 되었습니다. 이곳 역시 언젠가는 다양한 관청들이 제 모습을 찾을 거라 믿습니다.

박물관이 된 경희궁 궐내각사

경희궁의 궐내각사는 불행히도 전혀 남아 있지 않습니다. 심지어 그 터마저 이미 사라진 지 오래죠. 단지 경희궁의 모습이 그려진 서궐도를 통해 궐내각사의 위치 정도만 알 수 있을 뿐입니다.

보통 궐내각사는 궁궐의 가장 중요한 건물인 정전 주변에 배치되어 일의 효율성을 높이는데, 경희궁 역시 지금 복원되어 있는 정전인 숭정전을 중심으로 남쪽에는 임금의 비서실이었던 승정원, 서남쪽에는 홍문관이 위치하고 서쪽에는 나라에서 쓰는 공식 문서를 작성하는 예문관 등이 있었다고 합니다.

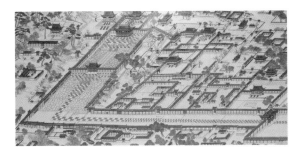

서궐도에 묘사된 경희궁의 궐내각사

경희궁 숭정전 앞쪽 궐내각사 터

덕수궁 대안문 옆 무관 사무실

흔적조차 사라진 덕수궁 궐내각사

덕수궁은 고종이 대한제국을 선포하
면서 황궁의 역할을 하게 되고, 근대
국가에 필요한 관청들이 들어옵니다.
1904년 〈The Korea Review〉라는 책
에서 당시 미국 선교사가 그린 덕수궁
의 건물 배치도를 통해 100년 전 근대
국가 대한제국의 궁궐 모습을 조금이

덕수궁 궐내각사 터의 일부

나마 알 수 있는데요, 배치도에는 동쪽 문인 정문 북쪽으로 대신들의 조회실이 있었고, 호위청이나 수문장이 근무하는 수문장청 등이 있었습니다. 중화전 북쪽으로는 궁궐 내 전화국도 있었다고 합니다. 물론 지금은 모두 사라졌고 잔디밭만 남아 있습니다.

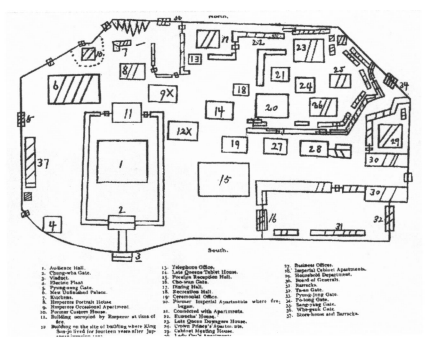

1904년 외국인이 그린 덕수궁 평면도(1.중화전 4.발전소 7.수라간 13. 전화국 15.외국인 연회장 25.대신 회의실 27.궁궐 사무실 30. 무관 사무실 32.대안문)

4부

·

|내전 영역| 중전마마 납시오!

내전은 임금과 왕실 가족의 사적 공간입니다. 임금이 하루 일과를 마치고 개인으로 돌아와 지내는 공간이지요. 내전은 임금의 생활 공간인 침전, 왕비의 공간인 중궁전, 대비의 공간인 대비전, 그리고 후궁의 처소까지 왕실 가족의 모든 건물을 포함합니다.

1장

전하,
침수드시옵소서!
― 침전

하루 일과를 마친 태종은 고단한 몸을 이끌고 침전인 경복궁 강녕전으로 돌아옵니다. 식사 후 임금은 오랜만에 왕자와 공주를 부릅니다.

"그래, 그동안 잘들 지냈느냐? 아비가 나랏일에 바쁘니 본의 아니게 너희들에게 관심이 적었구나. 우리 둘째 효령대군은 어찌 지내는고?"

이때 큰아들인 세자가 답합니다.

"아바마마, 우리 효령은 요즘 불경(부처님의 말씀)을 읽는 데 빠져 있사옵니다."

"그러더냐? 본인이 원하는 공부이니 내 무어라 말할 수 없다마는 그래도 한 나라의 대군으로서 다른 공부도 불경 읽는 것만큼 해야 하느니라. 알겠느냐?"

"예, 명심 또 명심하겠사옵니다. 아바마마."

"그래, 우리 충녕은 어찌 지내는고? 들리는 소문에 의하면 책을 놓지 않는다지? 몸이 건강해야 마음도 건강하고 그래야 글공부가 비로소 자신의 것이 될 것이야. 늘 건강에 신경 쓰도록 하여라. 알겠느냐?"

"명심하겠나이다. 아바마마!"

이처럼 임금의 침전은 임금이 한 나라의 지도자가 아닌 한 가정의 아버지로 돌아오는 곳이기도 합니다.

우물 '井' 자 구조의 침전 — 경복궁 강녕전

경복궁 내 임금의 침전은 강녕전입니다. 강녕전은 경복궁을 만든 정도전이 지은 이름으로 건강하게 산다는 뜻인데 왠지 임금이 주무시는 침전으로 잘 어울리는 이름입니다. 우리가 생각하기엔 임금과 왕비가 부부이니 같은 방을 쓰겠구나 하고 생각할 수 있지만, 실제로 임금과 왕비는 각각 사는 곳이 다릅니다.

그런데 강녕전이 아무리 임금의 개인 공간이라 해도 그렇게 자유롭지는 않았던 듯싶습니다. 임금의 방은 작은 방들로 둘러싸여 있습니다. 우물 '정#' 자 모양으로요. 그곳에서는 24시간 궁녀나 내시들이 대기하고 있지요. 생각해 보세요. 내 방 주변을 사람들이 항상 지키고 있다면? 지키는 사람도 힘들었겠지만 주인공인 임금도 편하지는 않았을 것 같아요.

경복궁 강녕전 실내의 우물 정(#)자 구조

강녕전 월대는 행사 때 무대로 사용되었다.

또한 강녕전은 다른 건물과 다르게 건물 앞에 월대가 있어요. 월대란 각종 행사가 있을 때 이용하는 일종의 무대 역할을 합니다. 그리고 강녕전의 지붕에는 흰색 용마루가 없어요. 정확한 이유는 모르지만, 용(임금)이 주무시는 곳 위에 용이 있어서는 안 된다 해서 임금

경복궁 강녕전 지붕 위에는 용마루가 없다.

보조 건물과 복도각

강녕전은 임금이 주무시는 곳이니 혹시 모를 사태를 대비해 주변에는 연생전, 경성전 등의 보조 건물이 있습니다. 지금은 볼 수 없지만 원래 이들 보조 건물은 복도(각)를 통해 강녕전과 연결되어 있었다고 합니다. 복도의 흔적은 다른 궁궐인 창덕궁의 희정당을 통해서도 확인이 가능합니다. 하지만 이 복도는 화재가 나면 다른 건물로 불이 쉽게 번지는 일종의 도화선 역할을 하기도 합니다.

옛날 강녕전에는 복도가 있었다.

지금은 사라진 강녕전 복도

아직 남아 있는 창덕궁 희정당 복도

의 침전에는 용마루를 두지 않았다는 이야기가 전해집니다. 물론 왕비의 침전인 교태전에도 용마루는 없어요.

　그 밖에 강녕전 주변에는 '어정'이라 하여 임금을 위한 우물이 있습니다. 임금이 마시고 씻는 물은 각별한 관리를 해야겠죠? 그래서 어정을 임금이 주무시는 강녕전 바로 옆에 두어 늘 깨끗하고 신선한 물을 드시도록 한 것입니다.

하지만 이곳 강녕전은 얼마 전까지만 해도 잔디밭이었습니다. 1917년 창덕궁 희정당이 불탄 이후 이곳 강녕전이 창덕궁으로 옮겨졌고 강녕전은 빈터로 남게 되었습니다. 그러다 1990년대 들어서 원형의 모습으로 복원한 것이 지금의 강녕전입니다.

1995년 복원되기 전까지만 해도 경복궁 강녕전 자리는 잔디밭으로 덮여 있었다.

강녕전을 헐어 올린 침전 ― 창덕궁 희정당

여러 기록을 보면 창덕궁 희정당은 때로는 사무실인 편전으로 때로는 침전으로 사용되었는데, 여기서는 침전으로 설명을 드리도록 할게요.

원래 희정당 앞에는 작은 연못이 있었고 그 규모가 주위와 어울리게 아담하게 지어졌다 합니다. 그러다 1917년 큰 화재로 사라지고 말아요. 당시는 일본인들이 우리의 모든 것을 간섭하던 시기였습니다. 당연히 원래의 모습으로 세워져야 할 희정당을 일제는 자금 부족을 이유로 경복궁 내 침전인 강녕전 건물을 헐고 그 재료로 이곳 희정당을 짓습니다. 그러니 지금의 희정당은 원래 경복궁의 강녕전 건물이 되는 거지요. 문제는 지금의 희정당은 덩치가 너

지금의 희정당은 원래 경복궁 침전인 강녕전을 헐어 다시 지은 건물이다.

무 커서 누가 봐도 주변 환경과 어울리지 못한다는 것입니다. 마치 어른이 어린이용 자전거를 타고 있는 꼴이 된 거죠. 거기에 개화기의 영향으로 희정당 앞은 자동차가 들어갈 수 있도록 돌출 현관이 설치됩니다.

또한 희정당의 내부를 보면 "조선왕조의 궁궐 건물이 맞나?"라는 생각이 들 만큼 많은 것이 바뀌어 있습니다. 마룻바닥에는 붉은 양탄자가 깔려

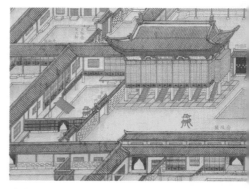

원래 희정당은 연못과 어우러진 작고 아담한 건물이었다(동궐도).

있고, 커튼과 서양식 전등, 응접실까지 갖추어져 있습니다. 물론 이를 나쁘게 볼 수는 없습니다. 우리나라도 서양 문물을 받아들였으며, 그에 따라 궁궐도 그 기능과 모습이 조금씩 달라졌으니까요.

궁궐은 어느 한순간에 만들어진 건물이 아닙니다. 조선왕조 500년의 시간 동안 이렇게 시대와 사람에 따라 그 기능과 형태가 조금씩 바뀌어 오늘날까지

다른 전각에 비해 규모가 너무 커 잘 어울리지 못하고 있는 지금의 창덕궁 희정당 모습

희정당 내부. 개화기 우리 궁궐 내부의 모습을 잘 알 수 있는 곳이기도 하다.

이어져온 것입니다.

온돌이 없어진 침전 — 창경궁 환경전

창경궁은 주로 왕실 가족의 생활 공간이기 때문에 침전으로 사용되었던 건물이 많았습니다. 그래서 경복궁의 강녕전처럼 어느 건물이 왕의 침전이라고 특정할 수가 없어요. 예를 들어 어떤 건물을 대비마마가 사용하면 대비전이 되고, 세자가 사용하면 동궁전이 되는 거죠. 그래도 굳이 창경궁 내 왕의 침전을 이야기하자면 환경전을 꼽을 수 있겠습니다.

환경전. 원래는 수많은 전각으로 둘러싸여 있는 곳이었지만 지금은 이렇게 건물만 남아 있다.

환경전은 조선 제11대 중종이 침전으로 사용했다는 기록이 있습니다. 하지만 환경전의 내부는 여느 건물과 좀 다릅니다. 온돌이 없고 마루로만 되어 있어요. 아마도 일제강점기에 박물관의 전시실로 사용하면서 왜곡된 듯 싶습니다. 동궐도를 보면 환경전 주변으로 여러 부속 건물이 있는데 지금은 환경전만 초라하게 남아 있습니다. 이 역시도 일제강점기에 주변 건물들이 모두 사라졌기 때문입니다.

동궐도에 묘사된 환경전과 그 주변 행각들

그림 속에 남은 대전 — 경희궁 융복전

경희궁은 조선 후기 창덕궁의 보조 궁궐 역할을 했지만, 숙종이나 그의 아들 영조가 상당히 오랜 기간 경희 궁에서 생활을 했습니다. 특히 숙종 은 경희궁의 침전인 융복전에서 돌 아가셨지요. 이곳 융복전은 침전이기 때문에 역시 용마루가 없고 중요한 건물에 있다는 월대가 설치되어 있습니다.

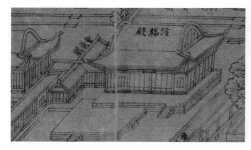

경희궁의 침전인 융복전(서궐도)

비록 지금은 존재하지 않지만 서궐도를 통해 우리는 융복전의 화려한 모습 을 어느 정도 짐작할 수 있습니다. 융복전 자리에는 현재 서울역사박물관 주차 장이 들어서 있습니다.

의문의 화재 — 덕수궁 함녕전

1897년 고종이 대한제국으로 나라 이름을 바꾸면서 덕수궁은 황제의 궁궐이 되었습니다. 당시 고종 황제가 생활하던 곳이 함녕전으로 지금까지 그 원형이 그대로 남아 있는 건물입니다.

고종은 함녕전에서 돌아가시기 전까지 많은 일을 했습니다. 특히 건강하시 던 황제가 갑자기 식혜를 드시고 돌아가셨다는 소문이 나면서 독살설이 퍼지 기 시작했고, 이는 3·1독립운동을 일으키는 계기가 되기도 했습니다.

덕수궁의 침전인 함녕전

함녕전은 경복궁의 강녕전처럼 행각에 둘러싸여 있습니다. 행각에는 황제와 관련된 물품을 보관하는 곳 또는 황제의 사유 재산을 관리하는 관청 등이 있었다고 합니다. 동궐도나 서궐도를 통해 알 수 있지만 임금이나 왕비의 침전은 이중 삼중으로 벽이나 행각 출입문이 있습니다. 물론 곳곳에 호위병들이 감시를 했고요. 함녕전 역시 황제의 침실이니 그러했을 겁니다.

함녕전 내부

함녕전에 들어가기 위해서는 두 개의 문을 통과해야 하는데 정문이 바로 광명문입니다. 그러나 고종 황제가 승하한 이후 함녕전 주변의 행각들은 헐리고 팔려나가고 맙니다. 특히 광명문은 엉뚱한 곳에 옮겨져 얼마 전까지 야외 전시장으로 사용되는 수모를 겪죠. 야외 전시장에는 신기전, 자격루 등이 전시되어 있었습니다.

덕수궁 함녕전 앞의 고종 황제

다행히 광명문은 2019년 3월 1일 원래 자리로 돌아올 수 있었습니다. 물론 문만 돌아왔을 뿐, 문을 둘러싼 담은 여전히

엉뚱한 장소에서 야외 전시장으로 사용되었던 광명문

공터로 남아 있어요. 빨리 복원되어 광명문이 정문으로서의 기능을 할 수 있으면 좋겠습니다.

담이 사라진 함녕전의 정문 광명문

덕수궁의 대형 화재

1904년에 함녕전을 수리하던 중 궁녀가 온 돌에 불을 지피다 실수로 불씨가 번져 덕수궁에 대형 화재를 내는 일이 발생합니다. 그러나 이 화재를 두고 아직도 풀리지 않는 의문이 있습니다. 그 당시 아무리 바람이 강하게 불었다 해도 궁궐이란 늘 사람들이 많은 곳인데 이렇게까지 크게 번질 수는 없다는 거예요. 이때의 시대적 상황은 고종이 일제의 탄압에 강하게 저항하던 때입니다. 하필 그럴 때 대형 화재가 발생하니 사람들 사이에서는 일제가 의도적으로 화재를 냈다는 소문이 돌았습니다.

1904년 덕수궁의 대형 화재. 화재가 일어날 것을 미리 알고 있었다는 듯 일본 병사들이 지켜보고 있다.

2장

내명부의 기강을
바로잡으소서!
─ 중궁전

중종 시절인 1530년 어느 가을, 경복궁의 교태전입니다.

"중전마마! 경빈마마께서 뵙기를 청하옵니다."

"뫼시어라."

중종의 왕비인 문정왕후는 모든 후궁들을 자신의 침전인 중궁전에 모이게 합니다.

"어서들 오시게. 다들 이렇게 모였으니 한마디하겠네. 내 어제 대비마마를 뵙고 왔는데 마마께서는 요즘 궁궐 내 여인들이 너무 사치스러운 물건을 쓴다며 몹시 언짢아하셨네. 이 모든 것이 백성들의 세금 아닌가! 그러니 앞으로 여기 모인 모든 이들은 각별히 행동을 조심하길 바라네."

"마마, 명심하겠사옵니다."

중궁전의 주인, 중전마마

궁궐의 궁전들 중 가장 가운데 위치한 궁전이 중궁전이고, 그곳에 사는 마마를 '중전마마' 또는 '왕비'라 부릅니다. 가끔 드라마에서 중전마마가 후궁들을 질투하는 장면이 나옵니다. 그러나 이건 편견에 불과해요. 왕비란 자리는 사적으로는 임금의 부인이지만, 공적으로는 궁궐 안의 모든 여인들을 관리하는 책임자이기도 합니다.

궁궐에는 중전마마를 중심으로 아래로는 궐내 허드렛일을 하는 무수리들부터 상궁, 후궁 그리고 임금의 어머니인 대비마마까지 다양한 계층의 여인들이 있는데, 이들을 일컬어 '내명부'라고 부릅니다. '외명부'는 신하들의 부인을 뜻하고요.

지금의 여성부장관 역할을 했던 중전마마

바로 이 내외명부를 모두 관리하는 분이 중전마마입니다.

궁궐 내에서 가장 높은 여인에게는 '비妃'라는 호칭을 붙입니다. 예를 들어 왕의 부인이 왕비고요. 왕의 어머니는 대비, 할머니는 대왕대비 등 모두 '비'자가 붙죠.

'비' 다음이 '빈'입니다. 여기서 잠깐 후궁의 품계를 볼까요?

가장 낮은 후궁을 '숙원'이라 부릅니다. 그리고 '소원, 숙용, 소용, 숙의, 소의, 귀인'순으로 품계가 올라가지요. 그럼 '귀인' 다음은? 바로 '빈'이 됩니다. 장희빈이라는 인물이 바로 '빈'입니다. 또 다음 왕이 될 세자의 부인을 '세자빈'이라 부릅니다. 그만큼 빈은 그 위치가 매우 높아요. 그리고 이들을 관리하는 분이 바로 중전마마입니다.

가장 깊숙한 궁전 — 경복궁 교태전

경복궁의 중궁전 이름은 교태전입니다. '교태交泰'는 세상을 이루는 음과 양이 서로 소통한다는 뜻이에요. 이 교태전은 경복궁 아주 깊숙한 곳에 있어요. 교태전에 가기 위해 몇 개의 문을 통과해야 하는지 한번 가볼까요?

광화문을 통과하면 홍례문이 나오지요. 홍례문을 통과하고 영제교를 건너면 근정전의 정문인 근정문이 나옵니다. 근정문을 지나면 편전의 정문인 사정문, 사정문을 지나면 임금의 침전인 강녕전의 정문인 향오문이 나오고, 강녕전을 돌아가면 그제서야 중궁전의 정문인 양의문이 나오고 그 문을 통과하면 비로소 교태전이 나옵니다. 문을 몇 개나 통과했지요? 여섯 개 통과했네요!

이곳 교태전 역시 다른 건물처럼 임진왜란 이후 방치되었다가 고종 때 다시

1995년 복원된 경복궁의 중궁전 교태전

경복궁의 가장 중심에 위치한 교태전

부활합니다.

그러나 앞서 설명한 다른 침전
처럼 중궁전 건물도 수난을 겪습
니다. 1917년 창덕궁 대조전이
화재로 없어지자 일제가 강제로
경복궁 교태전을 헐어 그 재료를
창덕궁으로 옮겨와 대조전을 복
원했다고 합니다. 그러니 원래의

일제에 의해 헐리기 전 교태전의 본래 모습

교태전 건물은 지금의 창덕궁 대조전 건물이지요. 지금의 교태전 건물은 최근
복원한 것이고요.

교태전 뒤쪽으로 가면 규모는 작지만 아기자기하게 꾸며진 아미산이 나오
는데 이는 후원 영역에서 설명드리겠습니다.

황후의 침전 ― 창덕궁 대조전

'대조大造'란 크게 만든다는 뜻입니다. 다음 왕위를 계승할 왕자마마를 탄생시킨다는 뜻이지요.

대조전은 앞서 설명한 것처럼 경복궁의 교태전을 헐어 다시 지은 건물입니다. 역사적으로 대조전은 때로는 임금이 때로는 왕비가 때로는 대비가 때로는 왕과 왕비가 함께 생활을 했던 건물로 사용되었습니다. 실제로 마지막 임금인 순종 황제는 부인인 순정효황후와 함께 대조전에서 생활했습니다.

대조전은 앞쪽으로 무대 역할을 하는 월대가 있고, 월대 양쪽으로는 근대 문물의 상징인 전등이 설

화재 전 대조전 모습

창덕궁의 중궁전인 대조전. 경복궁 교태전 건물의 재료로 만들어졌다.

치되어 있어요. 내부는 더 화려합니다. 중앙 마루에는 마치 유럽 왕궁에 가면 볼 법한 화려한 전등(샹들리에)이 설치되어 있고요. 서쪽 온돌방에는 순종 황제의 부인인 순정효황후가 사용했던 침대까지 전시되어 있습니다.

이뿐만이 아니에요. 대조전에는 보일러실은 물론이고 지금 우리가 사용하는 서양식 화장실까지 설치되어 있어요. 우리가 생각하는 조선 궁궐의 모습이 전혀 아니죠? 그럴 수밖에 없는 것이 이미 100년 전인 1900년대 초 서울에는

개화기의 시대상을 보여주는 대조전의 실내 가구들

자동차와 전차가 다녔고 주요 거리에는 가로등이 들어올 정도였어요. 그러니 궁궐의 변화는 당연한 것이겠죠? 실제로 1926년까지 순종 황제가 이곳 대조전에서 생활을 하셨으니까요.

중전마마의 쉼터 — 창덕궁 경훈각

창덕궁의 중궁전인 대조전 뒤에는 경훈각이라 불리는 2층 건물이 있었어요. 내전 안에 있는 것으로 보아 주로 왕실 가족의 생활 공간이었던 것 같아요.

동궐도를 보면 경훈각은 2층에 청기와로 된 웅장한 건물이었습니다. 상상해 보세요. 깊숙한 궁궐에서 평생을 지내는 왕비의 삶을……. 물론 후원도 있고 같이 얘기할 사람

동궐도에 묘사된 경훈각과 대조전. 경훈각은 2층 건물의 청기와였다.

화재 이전 2층 건물인 경훈각의 모습(좌). 화재 이후 경복궁 만경전을 이전해 왔다(우).

도 있지만 그 답답한 속을 우리가 어찌 이해할 수 있겠습니까?

그래도 이런 2층 건물이 있으니 그곳에 올라가 시원하게 펼쳐진 풍경을 보면서 한숨을 한번 돌리셨을지도 모르지요. 기록을 보면 숙종이 여름에 이곳 경훈각 2층에서 휴식을 취했다고 합니다. 그러나 경훈각은 1917년 창덕궁의 대형 화재 때 불타버리고 맙니다. 이때 일제는 대조전처럼 경복궁의 만경전을 헐어다가 이곳으로 옮깁니다. 다행히 화재 전 경훈각의 모습이 담긴 사진이 있어 당시의 모습을 알 수가 있어요.

연못을 갖춘 중궁전 ― 창경궁 통명전

창경궁의 내전 건물 중 앞에 월대가 있는 건물이 바로 통명전입니다. 앞서 설명한 바 있지만 월대를 갖춘 건물은 그 기능이나 그곳에 사는 사람이 중요한 위치에 있다는 뜻입니다. 통명전은 주변 환경이나 규모 면에서 왕실의 어른이나 혹은 중전마마가 살았던 건물일 가능성이 높습니다.

궁궐에도 화장실이 있었을까?

경훈각에는 다른 건물에는 없는 것이 하나 있는데, 바로 뒷간 문입니다. 궁궐에는 보통 천명이 넘는 사람들이 생활과 일을 했다고 합니다. 그러니 당연히 화장실도 있었겠죠. 그런데 왕실 가족의 주요 건물에는 화장실이 없었다네요. 그 이유는 이동식 변기를 사용했기 때문입니다.

이동식 변기가 드나들었던 경훈각의 작은 문

잠깐 과거로 여행을 떠나볼까요?
경복궁의 궐내각사 건물 중 하나인 내의원에서 신입 의원들의 교육이 한창입니다. 선배 의원들이 어느 날 임금의 똥이 들어 있는 그릇을 주면서 상태를 확인하라고 합니다. 이 말을 들은 신입 의원들은 당황합니다. 어떻게 사람의 똥을 보고 그 상태를 파악할 수 있을까

내의원 의원들은 임금님의 용변까지 살핀다.

요? 그때 의원 허준은 정확히 그 상태를 설명합니다.
"지금 변의 색을 보니 전하께서는 이런 증상을 보일 듯합니다."
이렇듯 왕의 똥은 내의원으로 옮겨져 내의원 의원의 확인을 받았다고 합니다. 경훈각에는 이렇게 용변을 받아내는 작은 문이 있습니다. 창덕궁에 가면 꼭 확인해 보세요.

또한 통명전은 옆으로는 작은 연못이 있고 뒤로는 예쁜 꽃들이 심어진 계단이 있어 중전마마와 잘 어울리는 건물입니다. 인순왕후, 인현왕후 등 많은 왕비들이 이곳에서 생활했다는 기록이 있습니다.

지금의 통명전은 1834년 순조 당시 지어진 건물로 무려 150년이 넘은 건

작은 연못과 월대가 **통명전**의 위상을 말해 준다.

물입니다. 그러나 일제강점기에 통명전이 박물관의 전시장으로 사용되면서 온
돌은 뜯기고 마루가 깔렸지요. 그러던 것을 최근 온돌로 복원했다고 합니다. 통
명전은 현존하는 가장 오래된 중궁전 건물로 창경궁을 지키고 있습니다.

통명전 내부

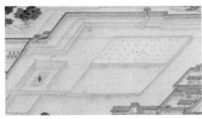

동궐도에 묘사된 통명전은 그 터만 남아 있다. 동궐도
가 1830년경에 제작된 것이니 지금의 통명전은 그 후
에 지어진 것이다.

사진만 남은 중궁전 — 경희궁 회상전

경희궁의 중궁전은 회상전입니다. 침
전은 상황에 따라, 그리고 쓰는 이에
따라 대전, 중궁전, 대비전, 동궁전 등
으로 사용될 수 있다는 사실을 기억
하지요? 회상전 역시 다양한 사람들
이 사용했을 것으로 추정됩니다.

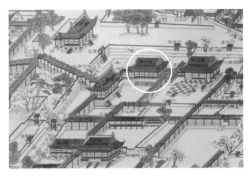

경희궁 중궁전인 회상전(서궐도)

회상전에서 효종의 부인인 인선
왕후가 돌아가셨다는 기록이 있습니
다. 다행히 회상전은 사라지기 전 사진이 남아 있습니다. 일제강점기 회상전의
사진을 보면 주변에 자란 잡초들이 주인을 잃은 중궁전의 모습을 보여주고 있
습니다.

헐리기 전 회상전의 모습

후궁이 살았던 중궁전 ― 덕수궁 즉조당

덕수궁의 중궁전은 사실상 없다고 봐야
해요. 그 이유는 명성왕후가 일본에 의해
시해당한 이후 고종이 정식으로 왕비를
두지 않았기 때문이에요. 그러니 고종이
머물렀던 덕수궁에는 중궁전이 없는 게
맞죠. 그러나 중전의 역할을 했던 후궁은
있었어요. 바로 순헌황귀비 엄씨예요. 원
래 명성왕후의 상궁이었던 그녀는 아들인
영친왕을 낳고 고종의 후궁이 되었는데
고종은 사실상 그녀를 왕비처럼 대했다고
해요. 바로 그녀가 1911년 돌아가시기 전
까지 생활을 했던 곳이 즉조당이에요.

순헌황귀비 엄씨

즉조당은 준명당과 복도각으로 연결되어 있다.

즉조당 내부

3장

대비마마
드셨사옵니다
── 대비전

고종과 명성왕후가 대비전인 경복궁 자경전으로 향합니다.

"대비마마, 주상 전하 내외분 드셨사옵니다."

"오, 뫼시어라."

"어마마마, 편히 주무셨사옵니까? 지난 밤 날씨가 많이 쌀쌀해졌사옵니다."

"별말씀을 다 하십니다. 주상이야말로 밤낮으로 업무에 시달리니 얼마나 힘들겠습니까? 그런데 이 늙은이까지 신경을 써주시다니요."

"그런 말씀 마시옵소서. 어마마마, 소자 어마마마께서 아니 계셨다면 어찌 용상에 오를 수 있었겠습니까? 부디 만수무강하시옵소서."

"말씀이라도 고맙습니다. 주상께서 이렇게 늙은이를 생각해 주시다니 성군이십니다. 우리 중전도 안녕하시지요? 요즘 내명부의 기강이 바로잡혔다고 궐내 소문이 아주 좋습니다. 이 모두 중전께서 지혜롭게 모범을 보여서 그렇습니다. 고맙습니다. 중전!"

"송구하옵니다. 모두 어마마마의 가르침 덕분이옵니다."

대비마마가 기거했던 대비전

"전하, 대비마마 드셨사옵니다."

이 말을 들은 임금이 벌떡 자리에서 일어납니다. 최고 권력자인 임금을 일어나게 하는 이 말 한 마디의 주인공이 바로 대비마마입니다. 대비라 함은 임금님의 어머니, 즉 돌아가신 선대왕의 부인을 말합니다.

유교 국가였던 조선에서 '효孝'는 무엇보다 중요한 덕목이었습니다. 그러니 만백성에게 모범을 보여야 할 임금이 어머니께 효를 다하는 것은 당연한 일입니다. 이런 왕실의 어른인 대비마마의 공간이 대비전입니다.

대비마마는 단지 왕실 어른으로만 존재하지는 않습니다. 때로는 권력의 중심으로 나오기도 하죠. 예를 들어 아들인 세자가 어린 나이에 임금이 되었다면 대비는 수렴청정垂簾聽政을 하게 됩니다. '수렴'은 대나무로 만든 발을 치다라는 뜻이고요. '청정'은 신하들의 말을 듣고 결정하는 행위를 뜻합니다. 즉, 어린 임금 뒤에서 대나무 발을 치고 신하들과 회의를 하는 거죠.

이제 왕실 최고의 어른이 사는 대비전으로 가볼까요?

아름다운 꽃담이 있는 곳 — 경복궁 자경전

'자경慈慶'이란 '왕실의 어른들에게 경사가 있기를 바란다'는 뜻입니다. 대비마마에 대한 임금의 효심을 나타내지요. 경복궁의 대비전인 자경전은 정조가 어머니를 위해 창경궁에 지은 '자경당'에서 유래한 말이라 합니다.

자경전 뒤뜰로 가면 큰 굴뚝이 있는데, 굴뚝에는 대비마마의 장수를 비는 십장생十長生이 묘사되어 있습니다. 구름, 해, 한 쌍의 학, 왼쪽으로 보이는 활짝 핀 국화와 소나무 아래 뛰어노니는 사슴, 아래쪽으로는 불로장생의 상징인 불로초와 거북이 한 쌍이 대나무 사이를 기어가고 있네요. 또한 파도의 모습은 십장생 중 하나인 물을 표현한 것이며 물은 강물과 바다가 되고 바다는 다시 구름, 구름은 비가 되는 영원한 순환을 의미합니다.

경복궁의 대비전인 자경전

이렇듯 굴뚝의 문양 하나로도 임금이 얼마나 대비마마를 극진히 모셨는지 잘 알 수 있습니다.

자경전 뒤뜰에 있는 굴뚝

사라진 대비전 — 창덕궁 함원전

함원전은 창덕궁의 희정당이나 대조전처럼, 경복궁에서 왔을 가능성이 높습니다. 동궐도를 보면 함원전이란 건물은 없고 이 터에 집상전이란 건물이 그려져 있습니다.

지금의 함원전은 원래 집상전을 대신해서 세운 것이라 할 수 있습니다. 처음부

동궐도에는 함원전 자리에 집상전이 있다. 앞쪽에 월대가 있는 것으로 보아 지위가 높은 분이 기거했던 곳이다.

터 창덕궁 내에 만든 것이 아니라, 경복궁 교태전 서쪽에 있는 함원전이 철거되면서 이곳으로 옮겨진 것으로 추정할 수 있습니다. 그러니 함원전보다는 함원전 이전의 집상전이 우리에게 더 중요할 수 있겠네요. 기록에 의하면 집상전은 현종이 어머니인 인선왕후를 위해 지은 건물이라고 합니다.

창덕궁 함원전

가장 높은 곳에 있는 대비전 — 창경궁 자경당

창경궁 자경당은 조선왕조 궁궐 건물 중 효심의 대명사로 기록되어 있습니다. 바로 정조가 어머니를 위해 지어준 대비전이기 때문입니다.

정조는 평생 자신을 위해 사셨던 어머니를 위해 왕이 되자마자 창경궁에 자경당을 짓습니다. 그리고 자신은 자경당 근처에 살면서 늘 어머니를 모셨죠. 그러나 이런 아름다운 이야기가 있는 자경당은 안타깝게도 일제강점기 헐려버리고 그 자리에는 일본 건물이 들어섭니다. 이 건물은 불

창경궁 자경당(동궐도)

일제강점기 자경당 자리에 들어선 일본식 건물

과 수십 년 전까지 남아 있다가 지금은 사라졌습니다. 단지 표지판만이 이곳이 대비전이었다는 사실을 알려주고 있어요.

표지만 남은 자경당 터. 자경당은 훗날 자경전이 되었다.

이외에도 창경궁에는 대비전으로 사용했던 경춘전, 양화당 등의 건물이 있습니다.

가을 풍경이 아름다운 경복궁 자경전

4장

세자 저하 납시오!
―동궁전

세자가 스승들과 함께 책을 읽고 있는데 예고 없이 임금이 찾아왔습니다. 임금이 어린 세자에게 묻습니다.

"세자, 요즘 책 읽는 소리가 끊이질 않는다고 들었다. 이 애비가 너무 뿌듯하구나. 내 한 가지 물어보겠노라. 쇄소란 무슨 뜻이냐?"

어린 세자는 망설임 없이 대답합니다.

"어른에게 먼지를 날리면 예의에 어긋남으로 물을 뿌리고 나서 바닥을 쓰는 것이옵니다."

이때 옆에 있던 스승들이 "전하, 동궁께서는 이미 〈소학〉의 큰 뜻을 깨우친 듯하옵니다." 하니, 기분이 좋아진 임금이 말합니다.

"네가 비록 일국의 세자이지만 늘 겸손을 잊지 말고 마당을 쓰는 마음으로 스승을 대해야 할 것이야."

그러자 세자가 이에 대답합니다.

"네, 아바마마! 명심 또 명심하겠사옵니다."

세자의 생활을 엿볼 수 있는 동궁전

다음 왕이 될 세자를 '동궁'이라고 부릅니다.

동궁의 '동'은 '동녘 동東'자예요. 해가 떠오르는 동쪽을 의미합니다. 새로운 시대, 즉 아침에 해가 뜨는 것처럼 다가오는 새 시대를 의미하는 말로도 쓰입니다. 그래서 어느 궁궐이든 세자의 공간은 해가 뜨는 동쪽에 있습니다. 사람들은 "세자는 왕자니까 항상 좋은 옷에 맛있는 음식을 먹고 심심하면 말을 타고 사냥이나 하는 사람 아니야?"라고 생각하는 경우가 많아요. 하지만 실제로 세자의 삶은 정말 힘들었다고 해요. 거의 극한 직업과도 같아요.

잠시 세종대왕의 큰아들이며 훗날 문종이 되는 세자의 일과를 한번 들여다볼까요?

새벽에 일어난 세자는 옷차림을 바로하고 아버지인 세종에게 밤새 안녕히 주무셨는지 문안 인사를 갑니다. 인사 후에는 식사를 하고, 바로 아침 공부를 시작해요. 보통 4살 정도면 천자문을 외우기 시작한다고 해요. 지금의 우리로서는 상상도 못 할 일입니다. 아침 공부를 마치면 점심을 먹고 다시 오후 공부를 시작해요. 요즘은 국영수가 중요한 과목이지만 조선시대에는 윤리를 무척 중요시 했어요. 정조는 유치원을 다닐 나이에 이미 〈소학〉을 모두 끝냈다고 해요. 오후 수업이 끝나고 저녁을 먹은 뒤에는 또다시 공부를 해요. 이렇게 공부의 연속이다 보니 정말 스트레스를 많이 받았을 것 같아요. 하지만 왕이 모든 것을 다스려야 하는 왕조 국가이니 왕이 얼마나 많은 것을 알아야 하겠어요.

이제 세자의 공간인 동궁으로 떠나볼까요?

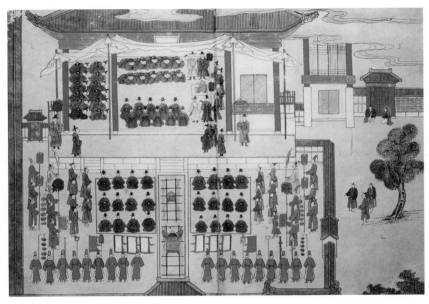

세자가 성균관에 입학하는 장면을 그린 그림으로 주인공은 순조 임금의 아들인 효명세자이다.

팔려간 동궁전 ― 경복궁 자선당, 비현각

근정전의 동쪽에 있는 자선당과 비현각은 세자와 부인인 세자빈이 생활을 하며 공부를 하던 곳입니다.

자선당은 세종대왕 때 만들어진 것으로 알려져 있고 큰아들(훗날 문종)이 세자 시절을 보냈던 곳입니다. 이곳 역시 임진왜란 때 불탄 것을 고종 때 다시 짓게 됩니다. 그러나 조선왕조의 맥을 끊으려 발버둥쳤던 일

경복궁 동궁 영역. 수많은 전각들로 꽉 차 있다.

일제강점기에 모두 헐려 빈터가 되어버린
동궁 영역

근정전 동쪽은 동궁 영역으로 많은 부속 관청들이 있는 궁궐 안 작은 궁궐이었다.

제에 다음 세대 임금이 될 세자가 사는 곳
이 곱게 보였을 리 없었겠죠. 결국 일제는
1915년 경복궁에서 행사를 개최하면서 동
궁 영역 안의 건물들을 모두 없애버립니다.
그중 자선당은 헐려서 일본으로 팔려갔고,
1923년 관동 대지진 때 모두 불타버리고 맙
니다.

일본으로 팔려간 동궁 건물

그런데 그렇게 없어진 줄만 알았던 자선
당의 기단석과 주춧돌이 일본 오쿠라 호텔
정원에 버려져 있다는 사실이 알려졌고 이
후 많은 사람들의 노력으로 마침내 자선당
은 고향인 경복궁으로 돌아올 수 있었습니

불탄 자선당의 기단석과 주춧돌(현재 경복궁
북쪽에 전시되어 있다)

다. 일본으로 팔려간 지 70여 년 만의 일입니다. 하지만 불탄 기단석과 주춧돌
은 너무 망가져 사실상 사용할 수가 없었고, 결국 1999년 새롭게 복원하게 됩

니다.

또한 비현각과 자선당 앞쪽으로는 세자의 호위 무사들이 있는 계방, 세자의 스승들이 일을 했던 춘방 등 세자와 관계된 많은 건물들이 있었습니다. 이 중 세자가 임금 수업을 받으며 일을 했던 계조당은 동궁

새로 복원된 경복궁의 동궁 자선당

내에 정전 기능을 하는 건물입니다. 정전이란 근정전, 인정전처럼 임금이 신하들의 조회를 받는 곳이죠? 다행히 계조당은 2023년 복원되어 제자리를 찾게 되었습니다.

황실의 감시처가 된 동궁전 ― 창덕궁 중희당

창덕궁의 동궁 역시 경복궁처럼 정전인 인정전의 동쪽에 자리 잡고 있습니다. 경복궁의 자선당이 세자의 생활 공간으로, 비현각이 세자의 교실로 사용된 것처럼 창덕궁의 중희당은 생활 공간, 성정각은 교실로 사용되었습니다.

중희당은 사라지고 부속 건물인 정자(삼삼와)만 남아 있다.

우선 중희당을 볼까요?

중희당은 정조가 아들인 문효세자를 위해 지어준 건물인데 동궐도를 보면 그 규모가 얼마나 큰지 잘 알 수 있습니다. 중희당

승화루

주변에는 휴식을 위한 건물인 정자
(삼삼와, 승화루)도 있는데 이동의 편
리를 위해 모두 복도로 연결되어 있
어요. 특히 넓은 앞마당에 설치된 과
학 기구들을 보면 임금이 세자의 교
육을 위해 얼마나 노력했는지 잘 알
수 있습니다. 빗물을 측정하는 측우
기도 보이고요. 별자리를 관측하는

일제강점기에 경찰서로 사용되었던 창덕궁 승화루

혼천의도 있어요. 또 바람의 세기와 방향을 알려주는 풍기대도 설치되어 있네
요. 그러나 중희당 건물은 사라졌고 지금은 그 부속 건물들만 남아 있어요. 특

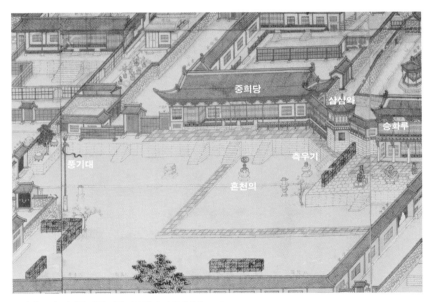

중희당 주변. 세자를 위한 과학 기구들이 인상적이다. (동궐도)

히 승화루는 일제강점기에 경찰서로 사용되는 수모를 겪었습니다. 일제가 황실을 감시하기 위해서였죠. 혹시 창덕궁을 답사할 예정이라면 꼭 한번 지금 남은 건물과 동궐도를 비교해 보세요.

내의원이 된 세자의 교실 — 창덕궁 성정각

중희당이 세자의 생활 공간이라면 성정각은 세자의 교실과 같은 곳이죠. 아침저녁으로 세자는 성정각에서 글을 읽었을 거예요. 그런데 성정각 남쪽에 있는 부속 건물 편액에는 세자와 어울리지 않는 문구가 적혀 있어요.

성정각 쪽에서 바라본 인정전(성정각은 인정전 동쪽에 위치한다)

"보호성궁保護聖躬 조화어약調和御藥"

한자의 뜻을 살펴보면 약을 잘 지어서 임금의 건강을 챙긴다는 뜻이에요. 그렇다면 이곳이 내의원이었을까요? 하지만 창덕궁에는 내의원 건물이 따로 있어요. 알고

성정각과 관물헌 일대(동궐도)

보니 조선 마지막 왕인 순종 때 편의를 위해 이곳을 내의원으로 사용했던 것이라 합니다. 아마도 순종은 아들, 즉 세자가 없었기 때문에 성정각을 다른 용도

성정각 앞쪽으로 보이는 약재 빻는 절구와 '보호성궁'이라 쓰인 내의원 편액

로 사용했던 것 같아요. 만약 순종 이후 왕이 있었다면 다시 동궁전으로 바뀌었겠지만 순종을 끝으로 조선왕조와 대한제국의 역사는 끝이 났고 이렇게 성정각은 내의원 건물이 되어 지금까지 남게 된 거예요. 실제로 성정각 앞마당에는 약초를 빻는 절구도 남아 있어요.

5장

선대왕의
넋을 기리소서
― 빈전과 선원전

1776년 어느 날, 정조는 홀로 창덕궁 선원전으로 향합니다. 선원전에는 역대 임금의 초상화(어진)가 걸려 있습니다. 정조는 자신의 할아버지인 영조의 어진 앞에서 절을 한 후 눈물을 흘립니다.

"할바마마, 소손이옵니다. 어젯밤 아버지와 함께 말을 타는 꿈을 꾸었사옵니다. 왜 아버지를 그리 보내셨사옵니까? 할바마마께서는 너무 소중한 아들 아니옵니까!"

영조는 아들인 사도세자를 정신병자라 생각하고 뒤주(쌀통)에 가둬 죽입니다. 시간이 지나 영조는 이 일을 후회했고, 사도세자의 아들이며 자신에게는 손자가 되는 정조에게 왕위를 물려줍니다. 정조는 할아버지가 얼마나 원망스러웠을까요?

선대왕들의 초상화를 모셔놓은 선원전

궁궐 내에는 돌아가신 임금들의 초상화를 모셔두는 건물, 선원전이 있습니다. 요즘이야 부모님이 돌아가시면 사진을 보면서 그리워합니다만, 조선시대에는 그럴 수가 없었죠. 그래서 초상화로 대신합니다. 특히 왕실에서는 주기적으로 왕의 얼굴을 그림으로 남겨 보관합니다. 바로 그 건물이 선원전이에요.

선원전 내 임금의 초상화인 어진(국립고궁박물관)

임금은 돌아가신 아버지나 할아버지가 보고 싶을 때 혹은 중요한 결정을 할 때면 이곳 선원전에 방문해 자기만의 시간을 갖습니다. 앞서 정조 임금이 울면서 할아버지 영조를 만난 것처럼요.

왕실의 슬픔이 묻어 있는 태원전

가끔 전직 대통령의 서거 소식을 들으면, 나와는 전혀 관계가 없을 듯한 대통령이었지만 왠지 모르는 슬픔이 느껴집니다. 조선시대에도 대통령, 아니 그 이상의 존재였던 임금 또는 왕비의 죽음 앞에서 많은 백성들이 슬픔에 잠겼을 겁니다.

경복궁 북서쪽에는 태원전이 있었습니다. 왕실 사람들이 돌아가시면 장례식장으로 사용했던 건물이에요(이를 '빈전'이라고 함). 태원전은 일제강점기 때 모두 사라졌지만 다행히 복원 사업을 통해 다시 그 모습을 볼 수 있게 되었습

빈전인 경복궁 태원전 영역

니다.

원래 태원전은 돌아가신 임금들의 초
상화를 모셨던 선원전 건물이었으나 고
종 당시 대비가 돌아가시면서 장례식장,
즉 빈전으로 사용됩니다. 장례식을 위한
건물이다 보니 주변에는 예식에 관계된
건물들이 함께 있습니다.

태원전 영역

또한 태원전 앞에는 넓은 앞마당과
함께 복도각이 있습니다. 앞마당은 예식 중에 신하들이 서 있는 장소이고, 복도
각은 비가 올 경우를 대비한 것일 수도 있겠네요.

경복궁 북쪽 끝에 있는 태원전은 입구부터 분위기가 엄숙합니다. 이곳을 방문한다면 궁궐에서 삶을 마감한 수많은 왕실 사람들 그리고 그들의 죽음을 애도했던 백성들의 슬픔을 느껴보시기 바랍니다.

국립민속박물관이 들어선 자리 — 경복궁 선원전

불행히도 경복궁의 선원전은 상처를 안고 훼손되어 사라진 지 오래되었습니다. 첫 번째 상처는 일제에 의해 선원전이 헐린 것, 두 번째 상처는 1972년 헐린 그 자리에 국적 불명의 건물이 들어선 것입니다. 바로 지금의 국립민속박물관입니다.

제가 중학생 때 경복궁에서 미술대회가 열렸는데 당시 기억으로는 경복궁에서 제일 멋진 건물이 바로 국립민속박물관인 것 같아 이 건물을 화폭에 담았습니다. 세월이 흘러 궁궐에 관심을 갖고 여러 책을 읽으면서 중요한 것을 깨달았지요. "이 건물은 참 이상하게 생겼구나!" 박물관 건물을 보면 아랫부분은 불국사의 청운교와 백운교를 닮았고, 윗부분은 법주사 팔상전을, 지붕은 금산

선원전 터에 들어선 국립민속박물관

이국적인 국립민속박물관의 모습

사 미륵전을 보고 만들었다고 합니다.

조선왕조는 500여 년 동안 유교를 국교로 숭상하며 불교를 억제하는 숭유억불정책을 이어왔습니다. 그런데 조선왕조의 궁궐에 불교의 사찰 건물을 조합한 건물이 들어서다니요! 그것도 후대 대한민국 정부에서 말이죠. 누가 보아도 이국적이며 어색한 모습입니다. 경복궁 동궁에서 바라보면 차분한 우리 궁궐 사이에 정체 모를, 마치 외국의 사원 같은 건물이 우뚝 솟아 있습니다.

훼손되기 전 경복궁 선원전의 모습

또 한 가지 이 건물의 문제점은 바로 그 터가 궁궐 안 작은 종묘라는 선원전이라는 점입니다. 박물관 건물을 지을 때 이미 땅을 팠기 때문에 이제 선원전과 주요 건물들의 복원마저 쉽지 않게 되었습니다.

옛 건물을 복원할 때는 땅을 조심스럽게 파서 그 흔적을 찾아야 합니다. 그런데 이곳에 땅을 파고 대형 건물을 지어버렸으니 그 위치조차 파악하기가 어려워진 것입니다.

선원전 일대

일본은 100년 계획으로 문화재를 복원한다고 합니다. 남의 나라 문화재를 농락했던 그들은 비난받아 마땅하지만, 자국의 문화재를 발굴하고 복원하는 데 엄청난 노력과 시간을 투자하는 정책만큼은 본받아야 합니다.

하나의 궁궐에 두 곳의 선원전 — 창덕궁 선원전

지금 창덕궁에는 두 곳의 선원전이 있습니다. 궐내각사 영역에 있는 원래의 선원전과 북쪽에 있는 선원전입니다. 궁궐에 두 곳의 선원전이라니, 이게 어찌된 일일까요?

북쪽에 있는 선원전은 새로운 선원전이라 해서 신선원전이라 부르는데, 이곳은 원래 명나라 황제에게 제사를 지내는 대보단이란 제단이 있던 곳이었어요. 그런데 고종 황제가 덕수궁에 세운 선원전을 일본 사람들이 대보단으로 옮

동궐도에 나타난 선원전들. 위쪽이 신선원전, 아래쪽이 구선원전이다.

원래 창덕궁에 있었던 선원전(구선원전)

창덕궁으로 옮겨지기 전 덕수궁 선원전의 모습

겨버린 거지요. 그러다 보니 창덕궁에는
두 개의 선원전이 있게 되었고, 구분을 위
해 신선원전으로 불리게 된 겁니다.

창덕궁 신선원전. 원래는 덕수궁 선원전 건물
이었다.

그런데 일본은 왜 하필 중국 황제에게
제사를 지내는 대보단을 없애고 그 자리에
선원전을 옮긴 걸까요? 이미 창덕궁에는
선원전이 있는데도 불구하고요. 이에 대해
일부에서는 조선과 중국의 관계를 끊어버리고 조선이 중국을 대하는 것처럼 일
본을 대하게 하려는 일본인들의 의도가 숨어 있다고 주장하기도 합니다.

영조의 초상화를 모셨던 곳 — 경희궁 태녕전

궁궐 건물은 사용하는 사람이나 쓰는 목적에 따라 명칭이 바뀔 수 있다고 했습
니다. 이는 경희궁 태녕전도 마찬가지고요. 태녕전을 선원전 부분에서 소개하

경희궁 태녕전

태녕전 내부

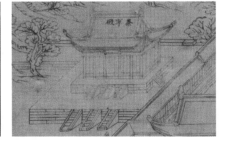

서궐도에 묘사된 경희궁 태녕전

는 이유는 이곳 태녕전에 영조의 초상화, 즉 어진을 모셨다는 기록 때문입니다.
태녕전은 숭정전 등과 함께 복원된 몇 안 되는 경희궁 건물이기도 합니다.

대한제국과 함께 사라진 선원전 — 덕수궁 선원전

고종 황제가 대한제국을 선포하고 덕
수궁을 황제의 궁궐로 새로 만들면서
가장 많은 노력과 신경을 쓴 건물은
정전도 침전도 아닌 바로 선원전이었
습니다. 그만큼 유교 사회인 조선왕조
에서 조상을 모시는 선원전은 중요했
던 거죠.

그러나 불행히도 1900년 선원전
이 불길에 휩싸여 선대왕들의 어진(임
금의 초상)도 모두 불타버리고 맙니다.

덕수궁 선원전 부지 발굴 조사 현장

물론 고종은 바로 새롭게 선원전을 짓습니다. 문제는 그다음부터였어요. 앞서
창덕궁 신선원전에서 이야기한 것처럼 일제는 덕수궁의 선원전을 모두 헐어
창덕궁의 대보단으로 옮겨버립니다. 그리고 그들은 선원전이 위치한 영역에
도로를 놓고 모두 팔아버려 현재 선원전 터는 도로와 빌딩 등으로 변해 버렸어
요.

다행히 2021년에 이곳의 발굴 조사가 이루어지며 복원 공사에 박차를 가하
고 있다고 합니다. 발굴 현장을 보고 있자니 올바른 역사란 이런 노력이 쌓여
만들어지는 것이 아닐까 하는 생각이 듭니다.

6장

역사의 희로애락이 담긴 궁궐이옵니다

1962년 1월 26일. 김포공항에 조용히 한 여인이 출국장 밖으로 걸어나왔습니다.

"옹주마마! 옹주마마!"

그녀를 기다리고 있던 몇 명의 노인들은 일제히 엎드려 그녀를 불렀습니다. 그러나 그녀는 그들을 알아보지 못하는 눈빛이었습니다. 그녀는 고종의 막내딸인 덕혜옹주였습니다.

덕혜옹주는 어려서 아버지 고종은 물론 온 백성들의 사랑을 받았습니다. 그러나 그런 모습을 달가워할 리 없었던 일본은 그녀를 강제로 일본으로 보냈고, 심지어 일본인과 강제 결혼을 시켜버립니다. 어려서부터 많은 상처를 받은 덕혜옹주는 신경쇠약에 정신분열증까지 보이고 비참한 생활을 하다가 1962년 꿈에 그리던 귀국길에 올랐습니다. 그러나 사람조차 알아볼 수 없을 정도로 그녀의 병세는 악화되어 있었죠. 결국 1989년 4월 21일 창덕궁 낙선재에서 파란만장한 생을 마감합니다.

경복궁 흥복전 주변의 전각 — 집경당, 함화당

경복궁의 중궁전인 교태전 뒤쪽으로는 많은 건물이 있었습니다. 아마도 이곳에서 왕실 가족들이 살았던 것으로 추정됩니다. 물론 대부분의 전각은 일제강점기에 사라지고 지금 우리가 볼 수 있는 건물은 흥복전, 집경당, 함화당 정도입니다.

복원을 마친 흥복전

이 영역에서 가장 중요한 건물은 단연 흥복전입니다. 흥복전은 때로는 대비마마가 살던 대비전으로 사용되었고, 때로는 고종이 외국 사신을 만나는 편전으로 사용하기도 했습니다. 물론 이곳 역시 일제강점기에 사라졌고 잔디밭으로 조성됩니다.

헐리기 전 흥복전의 모습

그렇게 시간이 흐르고 드디어 흥복전 터 발굴 조사가 시작되었습니다. 잔디를 걷어내고 땅을 파보니 그곳에서 생각지 못한 유물들이 나오기 시작했습니다. 바로 조선 전기 경복궁을 지을 때 사용했던 기와들이었습니다. 그런데 그 기와는 우리가 아는 회색 기와가 아니었어요. 빨강

흥복전의 부속 건물인 집경당, 함화당 일대. 수많은 건물들은 이곳이 생활 공간이었다는 사실을 말해 준다. 하지만 대부분의 건물은 일제강점기에 사라졌다.

색, 노랑색, 파랑색 등 형형색색의 기와들이었습니다. 그렇다면 조선 전기의 경복궁은 얼마나 화려했을까요? 2021년 원래의 모습으로 되살아난 흥복전을 보면서 그 옛날 화려했던 경복궁의 모습을 상상해 봅니다.

흥복전 터 발굴 현장에서 출토된 기와들

궁궐 안 작은 궁궐 — 경복궁 건청궁

경복궁 향원정 북쪽으로는 매우 한국적인 단아한 건물들이 있습니다. 바로 건청궁입니다. '전'이나 '각'이 아니라 '궁'이라 함은 이곳이 궁궐 속의 궁궐이었다는 뜻이지요.

고종은 어린 나이에 임금이 되어 사실상 아버지 흥선대원군이 임금의 역할을 대신했어요. 경복궁을 다시 지은 것도 고종이 아닌 아버지의 결정이었지요.

시간이 흐르고 성장한 고종은 아버지로부터 독립을 하고 싶었으나 아버지는 여전히 자신을 어린아이로 취급했습니다. 이에 고종은 자신이 주도해 경복궁 내에

일제는 건청궁을 허물고 이곳에 조선총독부 미술관을 신축했다. 사진은 착공 전 고사를 지내고 있는 일본인들의 모습.

건청궁 내 장안당. 건청궁 터에 지어진 조선총독부미술관이 10여 년 전에 힐리고 빈터로 남아 있다가 2007년에 복원되었다.

명성왕후의 시신이 불태워진 건청궁 옆 녹산

작은 궁전을 짓게 됩니다. 바로 건청궁이에
요. 실제로 고종은 아버지에 의해 만들어진
강녕전이나 사정전보다 자신이 주도해서
만든 건청궁에서 생활하며 나랏일을 봤다
고 합니다. 그러던 중 이곳 건청궁에서 비
극적 사건이 터지지요. 바로 을미사변입니
다.

명성왕후가 시해당한 후 임시로 시신이 안치
된 곳으로 알려진 건청궁 내 옥호루

　일본의 일부 지식인들이 깡패들을 동원
해 왕비를 살해하고 건청궁 동쪽에 있는 녹
산에서 왕비의 시신을 불태웠습니다. 그리
고 기다렸다는 듯 건청궁을 없애버리죠. 지
금의 건청궁은 지난 2007년에 복원된 건물
입니다.

당시의 비참함을 한 외국 신문은 이 같은 삽
화로 전했다.

후궁의 삶이 깃든 곳 — 창경궁 영춘헌, 집복헌

영춘헌과 집복헌은 창경궁의 내전, 즉 생활 공간에 속하는 건물입니다. 원래 많은 전각들이 있었는데 일제에 의해 모두 헐리고 이 두 건물만 살아남아 복원되었습니다.

집복헌은 정조의 아버지인 사도세자와 아들인 순조가 태어난 곳이기도 합니다. 사도세자와 순조의 어머니가 모두 후궁 출신인 점을 미루어 짐작해 볼 때, 이곳 영춘헌과 집복헌은 후궁의 생활 공간일 가능성이 큽니다. 물론 궁궐 건물의 쓰임이야 늘 변하는 것이지만요.

창경궁의 넓은 공터에 외롭게 복원된 영춘헌과 집복헌

황실 가족의 마지막 보금자리 — 창덕궁 낙선재, 석복헌, 수강재

낙선재는 창덕궁과 창경궁 경계 지역에 있는 건물입니다. 정확히 말하면 낙선재가 아니라 낙선재 영역이라고 하는 게 맞습니다. 왜냐하면 낙선재 옆에는 석복헌, 수강재 건물이 나란히 붙어 있고, 또 뒤에는 예쁜 꽃들이 피어 있는 계단, 즉

낙선재 뒤 화계를 통해 이곳이 여인들의 공간으로 만들어졌다는 사실을 알 수 있다.

화계가 있어요. 화계 위에는 휴식을 위한 아름다운 정자도 있고요. 보통 건물 뒤에 화단이 있다는 것은 이곳이 여인들의 공간임을 말해 주는데, 창덕궁의 모습이 그려진 동궐도를 보면 낙선재 지역에는 다양한 과일 나무들이 그려져 있어요. 기록

과일 나무가 있었던 낙선재 영역(동궐도)

에는 원래 이곳에 낙선당이라는 세자의 공간, 즉 동궁 건물이 있었는데 건물이 화재로 인해 없어진 이후 그 터를 일종의 과수원처럼 사용했던 것으로 추정할 수 있어요. 동궐도는 바로 그때 그려진 것이고요.

그 뒤 이곳에 낙선재, 석복헌, 수강재 등의 건물이 세워졌는데, 항간의 소문에 의하면 헌종이 사랑하는 후궁 김씨를 위해 이곳을 만들었다고 합니다. 나중에 헌종이 돌아가신 후에는 빈 집으로 남아 있다가 고종과 순종이 잠깐씩 지냈다는 기록이 있습니다. 정문에서 바라보는 낙선재와 낙선재 뒤쪽의 모습은 정말 아름답습니다.

이곳 낙선재의 특징은 따뜻한 온기가 아직 느껴진다는 점이에요. 대부분의

석복헌

수강재

낙선재 정문에서 바라본 풍경

사람들은 1926년 마지막 임금인
순종 황제가 돌아가신 후 황실은
끝났다고 생각해요. 하지만 황실
가족들은 여전히 살아 있었거든
요. 바로 그들이 마지막을 보낸 곳
이 이곳 낙선재, 석복헌, 수강재였
어요.

낙선재

그렇다면 마지막까지 창덕궁을
지켰던 주인공은 누구였을까요?

가장 먼저 순종 황제의 부인인
순정효황후입니다. 그녀는 1910
년 일본이 우리 주권을 빼앗으려
할 때 황제의 옥새를 치마 속에 숨
기며 끝까지 저항했던 여장부이

조선 황실의 마지막 가족이었던 순정효황후, 이방자 여사
그리고 황세손 이구

기도 합니다. 그런 그녀는 1968년 이곳 석복헌에서
돌아가십니다. 또 고종의 며느리인 이방자 여사와
막내딸 덕혜옹주 역시도 1989년 창덕궁 낙선재와
수강재에서 마지막을 보냅니다.

1989년이면 그렇게 오래된 역사는 아니지요?
아마 지금 어르신들은 당시의 일을 모두 기억하고
있을지도 몰라요. 그래서인지 낙선재에 앉아 있으
면 여전히 그들의 온기가 느껴집니다.

1962년 귀국 후 창덕궁 낙선재
로 향하는 덕혜옹주의 모습

근대화의 상징 — 덕수궁 석조전

1800년대 말 조선은 서양 문물의 도입이라는 큰 변화를 겪습니다. 경복궁에는 전기가 도입되어 전등이 켜지고 서울에는 전차가 운행되기 시작하죠. 이런 변화는 궁궐 건물도 예외가 아니었습니다. 당시 대한제국의 황궁이었던 덕수궁에는 유럽풍 건축물이 들어섭니다. 바로 석조전입니다. 이름 그대로 돌로 만든 건물이지요.

서양 문물 도입의 상징이었던 덕수궁 석조전

석조전은 3층으로 이루어져 있으며, 1층은 로비와 거실이, 2층은 접견실 및 홀이 있는 공적 공간으로, 그리고 3층은 궁궐의 내전 기능인 황제와 황후의 침실, 욕실 그리고 휴식 공간

석조전 내 황후 침실

으로 꾸며졌습니다. 또한 석조전 앞에는 서양식 정원과 청동제 분수가 만들어졌습니다. 그러나 석조전 별관은 고종 황제의 승하 이후 일본인들을 위한 미술관으로, 광복 후에는 미소공동위원회, 국립박물관 등으로 쓰이다 현재는 덕수궁미술관으로 사용되고 있습니다.

5부

|후원 영역| 시름을 떨치시옵소서!

후원은 궁궐 안에 있는 임금과 왕실 가족의 쉼터입니다. 창덕궁처럼 후원이 따로 있는 곳도 있지만, 휴식의 기능이 있는 건물들도 후원 영역으로 봅니다.

평생을 궁궐 안에서 생활해야 하는 임금의 일생을 생각해 보세요. 하루에 수십 수백 통씩 올라오는 상소, 임금으로서 갖추어야 할 수많은 예의범절……. 다행히 휴식처인 후원이 있어 한숨 돌리셨을 것입니다.

1장

경복궁의 후원

"아니, 이곳이 바로 그 유명한 경회루란 말인가!"
경복궁에서 밤새 일을 해야 했던 구종직은 담장 넘어 경회루를 기웃거리고 있었습니다.
"나는 언제 출세해서 저곳에 들어갈 수 있을까?"
경회루는 왕실 가족과 높은 신하들이 임금과 함께 들어가는 곳이니 구종직 같은 낮은 관리에게는 꿈같은 곳이었을 거예요. 그때 그는 생각합니다.
'아니지, 어차피 나 같은 놈은 출세하기도 글렀고, 지금 보아 하니 경비도 소홀하고 오늘 아니면 기회가 없지! 담을 넘자!'
그렇게 경회루에 들어간 구종직은 웅장하고 아름다운 경회루의 모습에 입이 짝 벌어집니다.
"오! 여기가 천국이로다! 얼쑤!"
그런데 하필 그날 밤 세조 임금이 경회루에 방문한 겁니다. 저 멀리서 그의 노래를 들은 세조가 묻습니다.
"그대는 어찌하여 이곳까지 들어왔는가? 이곳이 어떤 곳인지 몰랐더냐?"
당황한 구종직이 "전하, 죽여주시옵소서. 전하!"라고 말했지요.
세조는 "그래 내가 지금 네 목숨을 가지고 있노라. 내 한 가지 시험을 할 터이니 목숨을 부지하고 싶으면 시험을 통과하여라!"라며 즉석에서 춤과 노래를 명합니다. 구종직은 오직 살 길이라 생각하고 정말 혼신을 다해 노래를 부르고 춤을 췄다고 합니다. 그의 운명은 어떻게 되었을까요? 그는 그날 밤 세조의 눈에 들어 출세를 했다고 합니다.

경회루 전경

잡상이 열한 개나 있는 경회루

경회루는 근정전과 함께 경복궁, 아니 지금은 대한민국을 대표하는 건물이 되었습니다. 왜냐하면 한국을 홍보하는 소개 책자에 꼭 등장하거든요.

경회루는 조선시대에 외국에서 사신이 방문하거나 또는 왕실 경사가 있을 때 잔치가 열렸던 곳입니다. 지금의 경회루는 150여 년 전인 고종 때 지어진 것으로 임진왜란 이전 경회루의 모습은 지금보다 훨씬 더 화려했다고 합니다. 특히 중국의 사신들은 경회루 1층 기둥의 용 조각을 보고 칭찬을 아끼지 않았다고 해요.

원래 경회루는 작은 규모였는데 태종 때 연못을 넓히고 누각도 크게 세워 규모를 넓혔습니다. 지금의 경회루란 이름도 태종이 지은 것이라고 합니다. '경회慶會'는 경사스러운 일이 모이기를 바란다는 의미인데, 여기서의 '경회'는 '똑

바른 사람을 만나야 경사스러운 일이 일어난다'라는 뜻입니다. 바로 임금과 신하의 관계를 말하는 것이겠죠?

경회루는 우리나라에서 가장 큰 누각입니다. 경회루를 직접 본다면 지붕 위의 잡상 개수를 세어보세요. 무려 11개나 있습니다. 한양 도성의 남쪽 문인 숭례문이 9개이고, 경복궁 제일의 건물인 근정전도 7개뿐입니다. 물론 잡상이 많다고 해서 무조건 중요한 건물이라고 말할 수는 없지만, 그래도 건물을 지켜준다는 잡상의 수가 많다는 건 그만큼 경회루가 다른 곳과는 차원이 다르다는 것을 보여줍니다. 또한 일제강점기에 살아남은 건물 중에는 잡상의 수가 많은 숭례문, 경회루, 근정전이 포함되어 있으니, 어쩌면 이는 모두가 잡상 덕일지도

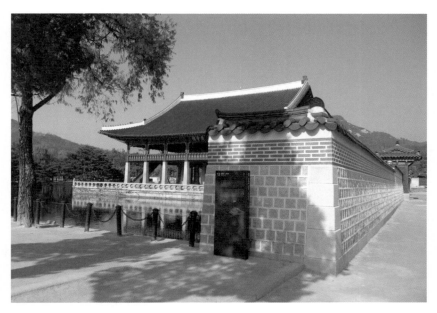

복원을 중단한 담장. 정면까지 담을 쌓으면 관람을 할 수 없기 때문에 어쩔 수 없이 중단했다.

모르겠습니다.

이런 경회루는 함부로 들어갈 수 있는 영역이 아니었습니다. 주변이 높은 담으로 둘러싸여 어느 누구도 안을 볼 수가 없었죠. 임금이 쉬는 곳이니 당연합니다. 그런데 지금 경회루는 누구나 볼 수 있는 개방적인 공간이 되었어요. 그 이유는 여러분들도 아시겠죠? 일제강점기에 모든 담이 헐려버렸기 때문입니다.

경회루를 유원지로 만들고 싶었던 일본인들에게 높은 담은 거추장스러웠을 겁니다. 그렇게 담이 없어진 경회루 앞에서 사람들은 그저 사진 찍기에 바쁩니다. 그 안타까운 역사를 알면 좋겠는데 말이죠. 다행히 그 담이 얼마 전 복원되었습니다. 하지만 담으로 완전히 경회루를 둘러싸면 관광객들이 볼 수가 없어서 어쩔 수 없이 한쪽만 복원했다고 하네요.

경회루에 담긴 사연

"아주 흥청망청 다 써버렸네! 다 써버렸어!"
'흥청망청'이란 말이 경회루에서 나왔다는 사실을 아시나요?
때는 연산군 시절이었어요. 연산군은 임금으로서 일은 안 하고 매일 경회루에서 전국에서 모아온 흥청들(춤을 잘 추는 여자)과 밤낮을 가리지 않고 놀았습니다. 이런 임금의 모습에 사람들은 "저렇게 흥청과 놀고 있으니, 저건 흥청이 아니라 망할 망, 망청이야, 망청!"이라고 했지요. 그 뒤로 돈이나 물건을 마구 쓰는 모습에 '흥청망청 썼다'는 표현을 하기 시작했어요. 이후 연산군은 어떻게 되었을까요? 백성들의 세금으로 흥청망청 놀다가 쫓겨나는 신세가 되고 맙니다.

구중궁궐 작은 인공산 — 아미산

왕비는 궁궐의 가장 깊숙한 곳에 위치한 중궁전에서 생활합니다. 일반 가정집이야 부모형제를 보고 싶으면 언제든 친정에 갈 수 있지만, 중전마마에게는 쉬운 일이 아니었습니다. 그러니 궁궐 안이 얼마나 답답했을까요? 그래서인지 경복궁의 중궁전인 교태전 뒤에는 아미산이라 불리는 작은 후원이 조성되어 있습니다.

산이라 해서 우리 뒷산처럼 그렇게 크고 대단한 산이 아닙니다. 아주 조그마한 동산이지요. 이 아미산은 태종 시절 경회루 연못을 파면서 나온 흙으로 만들었다고 해요.

아미산의 볼거리 중 하나인 굴뚝은 굴뚝으로서의 기능뿐만 아니라 주변의 꽃들과 매우 잘 어우러져 전체적인 모습이 매우 아름답습니다. 특히 굴뚝에 새겨진 대나무, 난초, 국화 같은 문양은 굴뚝이 아니라 예술품 같다는 생각마저 들어요. 그러나 막상 사람들이 아미산을 보면 너무 평범하다며 실망 섞인 반응이 대부분이죠. 그런데 이렇게 평범한 아름다움이 우리 조상들이 사랑해 온 '미美'라는 사실을 아는 사람은 많지 않습니다.

인공 언덕과 조화를 이룬 겨울 아미산의 굴뚝

중국 사람들은 속된 말로 손이 큽니다. 뭐든지 한번 만들면 거대하게 만들죠. 집을 지으면 자연을 통째로 집 안에 옮겨 놓으려고 노력을 해요. 일본 사람들은 어떤가요? 오밀조밀하게 너무 섬세하여 자연미는 느낄 수 없게 정원을 만들지요. 처음 보면 예쁘고 귀엽지만 조금만 보고 나면 싫증이 납니다.

반면에 우리 조상들은 가장 자연스러운 모습이 가장 아름답다고 생각했어요. 집을 지어도 우리는 담장이 낮아요. 집 안 조경도 자연의 일부로 보는 거죠. 그래서 이런 작은 동산을 만들 때도 인위적인 느낌을 최소화하려 노력했습니다.

혹시 아미산을 방문한다면 작은 돌 연못 속 두꺼비를 한번 보세요. 네 마리의 두꺼비가 각기 다른

돌 연못 속의 두꺼비들

모습으로 기어오르고 있어요. 아주 정교한 조각은 아니지만 전체적 형태가 매우 자연스러워 보입니다. 이렇게 우리 궁궐의 후원은 자연과 어우러져 살아 숨 쉬는 공간입니다.

아담하지만 웅장한 — 향원정

경복궁의 경회루 북쪽으로 아담한 정자가 하나 있습니다. 바로 향원정인데요. 경회루가 공식적인 연회 등의 기능이 많다면, 향원정은 왕실 가족이 차분히 휴식을 취할 수 있도록 만들었습니다.

향원정에는 정자와 연못 밖을 연결해 주는 취향교라는 다리가 있습니다. 이 다리는 2021년 새로 복원되었습니다. 이를 보고 일부 어르신들은 "내가 알던 그 취향교가 아닌데?"라고 하십니다. 그럴 수밖에 없는 것이 지금껏 우리에게 익숙한 남쪽을 향한 취향교는 사실 원형이 아니었습니다. 원래 향원정의 다리

북쪽으로 복원된 취향교　　　　　　　　　70여 년간 남쪽으로 향했던 취향교

는 지금처럼 북쪽을 향하고 있었습니다. 그 이유는 향원정 북쪽에 위치한 건청궁에서 생활하던 고종과 명성왕후가 휴식을 취할 때 이곳 향원정을 이용했기 때문입니다.

　　하지만 다리는 한국전쟁 당시 파괴되고 말죠. 전쟁이 끝난 1953년 다리는 다시 만들어집니다. 그러나 어처구니없게도 북쪽이 아닌 남쪽으로, 그것도 원형과 다른 모습으로 만들어져요. 북쪽의 건청궁이 이미 일제강점기에 사라졌고, 또 모든 경복궁 관람객이 남쪽에서 북쪽으로 올라오니 아예 남쪽

1909년 이전으로 추정되는 향원정과 취향교. 북쪽에는 건청궁이 보인다.

에 다리를 만든 것으로 추정됩니다. 이 가짜 다리는 무려 70여 년간 향원정 앞에 놓인 상태로 사람들에게 인식되어 지금도 북쪽에 놓인 원형의 다리를 어색해하는 분들이 많다고 합니다. 그래도 늦었지만 원래의 모습으로 복원되었으니 정말 다행입니다.

또 하나 여러분께서 향원정에 가서 놓치지 말아야 할 곳이 바로 열상진원과 한국의 전기 발상지 표석이에요. 향원정이 있는 넓은 연못을 보고 있으면 '과연 저 물은 어디서 나오는 걸까?'라는 의문이 들어요. 그 해답은 서북쪽에 있는 샘에 있습니다. 샘을 가보면 돌 위에 '열상진원

향원정 서북쪽에 있는 샘인 열상진원

洌上眞源'이라는 글자가 새겨져 있습니다. 열상의 '열'은 '열수洌水'라 해서 한강의 옛말입니다. 그럼 '열상'은 한강의 가장 높은 곳, 즉 한강 상류라는 뜻이 됩니다. '진원眞源'은 진짜 근원, 즉 한강물이 나오는 샘이란 뜻이 되죠. 그러니까 이곳 열상진원은 한강물의 시작점이라 할 수 있어요. 여기서 나온 물은 향원정 연못과 경회루 연못을 거쳐 영제교 밑으로 흘러 청계천으로, 한강으로 흘러갔다고 합니다.

신무문 밖 후원 지역 ─ 경무대, 내농포

원래 경복궁에는 북문인 신무문 밖으로도 후원 영역이 있습니다. 이곳에는 융문당, 융무당 등의 건물이 있었는데 건물 앞쪽으로는 경무대라는 넓은 공터를 만들어 임금이 직접 군사를 지휘하기도 하고 때로는 과거시험 장소로 활용하기도 했습니다. 이곳에는 임금이 직접 농사를 지을 수 있도록 작은 논도 만들어졌습니다.

신무문에서 바라보는 북악. 지금의 청와대 자리는 원래 경복궁의 후원이었다.

경복궁 후원의 모습. 군사 훈련을 위한 넓은 터와 임금이 직접 농사를 지을 수 있는 작은 논(내농포)이 조성되어 있다.

그러나 일제강점기에 총독부 건물을 경복궁 흥례문 영역에 지으면서 그들이 생활해야 할 곳이 필요하게 되자, 결국 총독부 관저 위치를 경복궁 후원 영역으로 정합니다. 이렇게 쓰였던 총독 관

1910년대 경무대 모습. 뒤쪽으로 융무당과 융문당이 보인다.

저는 경무대라는 이름으로 이승만 대통령의 관저로 쓰이다가 지금의 청와대가 된 것입니다.

2장

창덕궁의 후원

1795년 봄바람이 매서운 삼월 어느 봄날, 창덕궁 후원에서 풍악과 웃음소리가 끊이질 않았습니다. 정조 임금과 신하들 그리고 그들의 아들 조카 형제까지도 참석하여 꽃 구경과 낚시를 하고 있었죠. 분위기가 무르익을 무렵 정조 임금이 다음과 같이 말합니다.

"나는 세손일 때부터 어진 신하를 내 편으로 하고 친척들은 멀리해야 한다는 것을 배워왔노라. 경들은 나와 뜻을 같이해 이 나라 조선의 미래를 열 중요한 인물들임을 명심해야 할 것이다!"

이에 모든 이들이 일제히 "성은이 망극하옵니다" 하며 머리를 숙입니다.

네모난 부용지의 남쪽에서는 붉은색 옷을 입은 신하들이, 동쪽에서는 초록색 그리고 북쪽에서는 유생들이 자리를 잡고 낚시를 했는데, 한 마리를 낚아 올릴 때마다 신나는 음악이 울렸다고 합니다.

물에 발을 담근 나그네의 모습 ― 부용정

창덕궁의 후원은 역사적으로나
생태학적으로 최고의 가치로 평
가받고 있어요. 무려 600년의 시
간을 별다른 훼손 없이 그 모습
을 간직하고 있으니까요. 창덕궁
후원 중 가장 인기가 많은 곳은
단연 부용지 주변입니다. 특히
이 연못의 정자인 부용정은 그
모습이 마치 더운 어느 날 나그
네가 바지를 걷고 물에 발을 담

부용정. 마치 여름 냇가에 발을 담근 듯 시원한 느낌이다.

그고 있는 것처럼 보입니다. 볼수록 시원해 보이
지요.

지금은 아니지만 원래 이곳 부용지는 경복궁
의 경회루처럼 앞과 옆으로 담이 둘러싸여 있었
습니다. 그리고 부용지의 한쪽 모서리를 보면 물
고기 문양이 새겨져 있는 걸 볼 수 있습니다. 마
치 붕어빵 같지요? 연못 위로 힘차게 뛰어오르

창덕궁 후원 부용지의 물고기 조각.
임금과 신하는 물과 물고기처럼 뗄 수
없는 관계이다.

는 모습입니다. 이는 백성, 또는 신하와 임금의 관계를 물고기와 물의 관계로
비유한 것입니다. 즉 물고기가 물이 없으면 못 살 듯 임금이 없는 백성은 있을
수 없고 백성이 없는 임금은 있을 수 없다는 뜻이 담겨 있습니다.

후원 내 도서관 — 어수문, 주합루, 서향각

부용정 맞은편에는 주합루로 오르는 정문인 어수문이 자리 잡고 있습니다. 앞서 물고기와 물의 관계를 언급했는데 바로 이곳도 같은 의미로 설명됩니다. 기록에 의하면 이 어수문은 임금만이 드나들 수 있었다고 합니다. 신하들은 그 옆의 작은 문으로 다녔다고 하는데 한번 지나가려면 상당히 몸을 굽혀야 했겠죠? 겸손하게 고개를 숙이지 않으면 감히 지날 수 없는 문입니다.

부용지 일대. 왼쪽으로는 부용정, 건너편으로는 규장각으로 알려진 주합루와 어수문 그리고 바로 옆 서향각이 보인다.

이렇게 계단을 오르면 2층 건물인 주합루가 보입니다. 그러나 엄밀히 말하면 주합루는 2층만을 말하고, 1층은 규장각이었다고 합니다. 규장각은 많이 들어본 이름이지요? 정조는 궐내각사 영역 안의 규장각 이외에 이곳 후원에도 규장각과

어수문의 화려함. 임금과 신하의 관계는 물고기와 물의 관계처럼 뗄 수 없는 관계를 의미한다.

보조 건물인 서향각을 만들었습니다. 이곳에 더 많은 귀한 서적을 보유하게 해 신하들이 학문에 힘쓰게 하려 한 것입니다.

물론 지금의 규장각에는 책이 한 권도 없습니다. 그러면 그 책들은 다 어디 있을까요? 일제는 규장각의 책을 모두 일본으로 가져가려 했습니다. 그러던 찰나에 일본이 태평양전쟁에서 항복함으로써 규장각의 많은 책들은 다행히 보존

부용지 일대(동궐도)

될 수가 있었다고 하네요. 정말 하늘이 도왔다는 말이 딱 떠오릅니다.

　이외에도 이곳 부용지 근처에는 희우정, 천석정 등 작은 정자들이 있습니다. 특히 희우정은 천재 화가 김홍도가 정조의 초상화를 그린 곳으로 알려져 있습니다.

과거시험의 무대 — 영화당, 춘당대

규장각 옆으로는 영화당과 앞마당인 춘당대가 있는데, 이곳은 경복궁의 경무

희우정

천석정(제월광풍관)

대와 같은 기능을 했습니다. 때로는 과거시험장으로, 때로는 임금이 직접 군사훈련을 했던 장소로 활용되었다고 합니다.

영화당은 임진왜란 당시 소실되지 않은 몇 안 되는 건물인데, 1692년 숙종 시절 리모델링을 해 지금까지 이르고 있습니다. 그러니 300년이 훨씬 넘은 건물이네요. 사실 이런 목조 건물이 300년 넘게 유지된다는 것은 하늘이 돕지 않고서는 불가능한 일입니다. 영화당을 올려다보면서 300년 역사를 상상해 보세요. 그것이 답사의 참맛이니까요.

영화당과 앞뜰. 이곳에서 과거시험이 행해졌다.

영화당에서 바라본 부용지

효명세자가 책을 읽었던 — 의두각, 기오헌

궁궐에는 항상 규모가 크고 화려한 건물만 있을 거라고 생각해요. 그런데 꼭 그렇지만은 않다는 것을 이곳 창덕궁 후원에서 알 수 있습니다.

창덕궁 후원에는 기오헌이라는 아주 작은 건물이 있어요. 물론 칠도 하지 않았고요. 어른 한두 명이 들어가면 꽉 찰 크기예요. 대부분의 사람들은 "이런 건물이 궁궐, 그것도 후원에 있어?" 하며 의아해합니다.

이곳은 23대 순조 임금의 큰아들인 효명세자가 책을 읽기 위해 만들었다고 해요. 그만큼 효명세자는 검소한 분이셨죠.

기오헌 뒤쪽으로는 높은 계단이 있는데, 위쪽 출입문을 통과하면 정조 임금이 만든 도서관 규장각이 나옵니다. 워낙 독서를 좋아했던 효명세자이기에 이곳에서 기오헌을 바라보고 있으면 그의 글 읽는 소리가 들리는 듯합니다.

의두각과 기오헌. 효명세자가 독서를 했던 곳으로 알려져 있다.

기오헌 뒤 계단. 이 계단은 후원 내 도서관인 규장각으로 통한다.

늙지 않게 하는 문과 연꽃이 아름다운 곳 ― 불로문, 애련정

기오헌 앞쪽으로는 불로문이라고 적힌 돌문이 있습니다. 단 한 덩이의 돌을 깎아서 만든 문입니다. 이름 그대로 이 문을 지나는 사람은 늙지 않고 장수한다는 말인데, 불행히도 조선왕조 27대 임금 중에서 장수하신 분은 몇 분 되지 않지요?

불로문. 통 바위를 깎아 만든 문이다.

불로문을 지나면 연못 애련지와 정자 애련정을 볼 수 있어요. '애련愛蓮'은 연꽃을 사랑하는 연못과 정자라는 뜻이에요. 물 위에 떠 있는 아름다운 연꽃을 마음껏 감상할 수 있는 곳입니다.

상상을 한번 해볼까요? 힘든 임금의 생활을 잠시 잊고 이곳 애련정에 앉아 저기 물 위에 떠 있는 연꽃을 감상하는 조선 임금의 모습을······.

애련지와 애련정

궁궐 안 아흔아홉 칸 양반 집 — 연경당

연경당은 궁궐 내에 있지만 사대부 집의 모습을 그대로 보여주는 곳입니다. "궁궐 안에 왜 이런 건물이 있을까?" 하고 생각하시는 분도 있겠지요? 이곳은 순조 때 지어진 건물인데, 순조가 세자에게 모든 것을 맡기고 이곳에서 자주 휴식을 취했다는 기록이 있습니다. 아마 임금이 궁궐 밖 양반 집이 어떻게 생겼는지 궁금하지 않았을까요?

　우리가 지금까지 알아본 것처럼, 궁궐에 들어가면 금천이 흐르고 그 위로 금천교가 세워지는데 이곳에도 비록 그 규모는 작으나 잘 보면 집 앞에 물이 흐르고 작은 돌다리가 있다는 것을 알 수 있죠.

　입구인 장락문으로 들어가면 하인들이 생활하는 방과 마구간 그리고 간이 화장실이 나옵니다. 그곳에서 보면 두 개의 문이 나타나는데 오른쪽은 사랑채로 통하는 문인 장양문, 왼쪽은 여자들이 사용하는 공간(안채)의 문인 수인문입니다. 사랑채인 연경당 옆에는 책을 읽고 보관하던 서재 건물인 선향재가 위

사대부 집에서 남편의 공간인 사랑채

집안 여인들의 공간인 안채

치합니다. 특히 선향재는 정면에 태
양 빛을 조절하는 차양이 있어 매
우 흥미롭습니다.

정면에 차양 시설이 있는 선향재

한반도 모양을 한 연못 — 관람지, 관람정, 승재정

창덕궁 후원에는 그 모습이 마치 한반도
의 모습을 한 듯한 연못이 있습니다. 옛날
에는 반도지라고도 했는데, 원래 이름은
관람지입니다.

관람지와 관람정

  200년 전에 그려진 동궐도에는 세 개
의 작은 연못이 있었지만, 100여 년 전 지
금의 모양이 된 것으로 보아 고종과 순종
시대에 세 연못이 합쳐진 것으로 추정됩
니다.

  이 연못의 상징과 같은 관람정은 현존
하는 유일한 부채꼴 모양의 정자로 형태
가 매우 특이합니다. 그래서인지 더욱 아

승재정

름다워 보이지요. 또한 관람지 건너편 숲에는 똑부러지게 생긴 멋진 정자인 승재정이 있습니다. 이 정자는 여름이면 무성한 나무숲에 가려 그 모습이 잘 보이지 않습니다. 그래도 답사할 때는 꼭 찾아보시기 바랍니다.

정자 속의 정자 — 존덕정, 폄우사

관람지 주변에 폄우사라 불리는 정자가 있습니다. 한자로 '사榭'는 높은 곳에 지은 정자란 뜻이 있어요. '폄우砭愚'는 어리석음을 깨우치다라는 뜻이지요. 아마도 조선시대 임금은 이곳에서 스스로 어리석음을 깨우치며 마음을 다시 잡았나 봐요.

폄우사

폄우사 옆으로는 누가 봐도 감탄이 절로 나오는 예쁜 정자가 있어요. 바로 존덕정입니다. 존덕정은 멀리 떨어져서 보면 수많은 기둥이 지붕을 받치고 있고 가까이서 보면 정자 안에 또 정자가 있는 듯 보입니다. 정자 안으로 들어가면 그 화

존덕정

려함이 더하는데, 천장에는 황룡과 청룡이 역동적으로 조각되어 있습니다. 왠지 후원 저편에 있기에는 너무 화려한 느낌마저 듭니다.

특히 이곳 존덕정에서 우리가 관심을 가져야 할 부분은 바로 작은 글씨로

빽빽이 쓰여 있는 '게판揭板'입니다. 이곳에 쓰여 있는 글은 정조 임금의 것으로 내용은 하나의 달빛이 만 개의 개천을 비춘다는 뜻입니다. 달빛은 임금이고, 임금의 은혜가 만백성에게 닿기를 바라는 정조의 마음이라 할 수 있습니다.

존덕정 내부

티 없이 맑은 물 — 청심정과 돌거북

관람지에서 좀 더 올라가다 보면 깊은 산속에 정자가 한 채 있는데 바로 청심정입니다. '청심淸心'이란 깨끗한 마음을 뜻하지요. 이곳은 숙종시대에 만들어진 것으로 보입니다.

흥미로운 것은 정자 앞에 있는 돌거북입니다. 후원은 편전처럼 매일 임금이 찾으시던 곳이 아닙니다. 비록 가끔, 정말 가끔 들르는 곳이었지만 그날을 위해 묵묵히 지키고 있는 거북의 모습이 매우 대견스럽습니다.

이 돌거북 등에는 '빙옥지氷玉池'라고 쓰여 있습니다. 빙옥지란 '얼음 같은 물'이란 뜻으로 티

청심정. 바로 앞 돌거북 등에는 '빙옥지'라 새겨져 있다.

없고 맑음이란 뜻도 담겨 있습니다. 깨끗한 마음인 '청심'이란 이름과 왠지 통

하는 듯 보입니다.

후원의 꼭대기 — 능허정, 취규정

능허정은 위치상 후원의 가장 높은 곳에
있습니다. 그러다 보니 내려다보이는 풍
경이 장관입니다.

취규정

　취규정은 옥류천으로 가는 길에 잠시
쉴 수 있게 만들어진 정자인 듯합니다. 인
조 때 건립된 것이니 거의 400년이 넘었
네요. 잠시 피곤한 다리를 쉬어가는 정도의 소박한 모습을 하고 있습니다.

시간이 멈춘 곳 — 옥류천 일대

창덕궁의 후원은 크게 보면 우리가 살펴본 애련지 일대, 연경당 일대, 관람지
일대 그리고 바로 이곳 옥류천 일대로 나눌 수 있어요. 특히 옥류천은 후원의
가장 깊숙한 곳에 있어 과연 이곳이 서울시 한복판에 있는 곳인가? 하는 의심
이 들 정도예요.

　옥류천은 돌 위에 물길을 내어 술잔을 돌릴 수 있도록 만들었는데 이것은
경주에 있는 포석정에서 볼 수 있어요. 옥류천을 중심으로 주변에는 다양한 모
양의 정자들이 모여 있는데, 특히 많은 사람들의 눈길을 사로잡는 곳이 청의정

과 그 앞의 논이에요.

후원에는 이렇게 임금이 직접 벼를 재배할 수 있는 논이 있습니다. 임금이 직접 농사를 지음으로써 백성들의 삶을 이해하고 풍년을 기원하는 목적입니다. 바로 이 논에서 수확한 볏짚을 이용해 청의정의 지붕을 이었다고 합니다.

또 한 곳 우리가 살펴볼 곳은 농산정이에요. 농산정에는 작은 주방이 있습니다. 임금이 이곳까지 행차하신다면 대부분의 음식은 궁궐 내 수라간에서 해오겠지만 음식이 식을 수도 있으니 작은 부엌이 필요합니다.

이외에도 이곳 옥류천 일대에는 태극정, 소요정 등 아기자기한 정자들이 모여 있습니다.

동궐도에 묘사된 옥류천 일대

어정. 사모지붕 모양의 돌 뚜껑으로 덮여 있다. ⋯▶

◀⋯ 옥류천. 바위에 새겨진 '옥류천'은 인조 임금의 글씨이다.

◀⋯ 농산정. 부엌 시설이 있는 정자

소요정 ↕

태극정 ↕

◀⋯ 취한정

청의정 ↕

500년 조선왕조의 역사를 고스란히 품고 있는 창덕궁 후원

3장

창경궁, 경희궁, 덕수궁의 후원

오늘은 숙종이 친히 쟁기를 잡고 소를 몰며 논을 가는 시범을 보이는 날입니다. 모든 신하들이 모인 가운데 임금님이 농사일을 시작하십니다. 그때 소가 갑자기 속도를 내니 임금이 주춤하며 쓰러집니다. 이에 놀란 신하들은 "전하, 옥체를 보존하시옵소서!" 하며 걱정을 합니다.
숙종은 다음과 같이 말합니다.
"내 걱정은 말라. 백성들이 이리 힘들게 농사를 지으니 내 마음이 편치 않구나."
"망극하옵니다. 전하!"
그렇게 후원의 작은 논이지만 조선의 임금들은 직접 농사를 지어봄으로써 백성을 사랑하는 마음을 기르고 한해 풍년을 기원했다고 합니다.

풍년을 기원하던 곳 ― 창경궁 춘당지

제 앨범에는 어릴 적 창경원에 놀러 가서 뱃놀이
를 하고 동물을 구경하는 사진이 있어요. 그곳에
서 코끼리도 보고 호수에서 배도 타고 식물원의
꽃도 보고 그랬거든요. 호수는 꽤 넓었고 배도 많
았는데 생각해 보면 그곳이 바로 창경궁의 연못
인 춘당지였던 것 같습니다.

창경궁 내 연못과 논들을 합쳐 지금
의 춘당지가 되었다.

  조선시대 춘당지는 작은 연못이었어요. 춘당지 밑으로는 작은 논들이 있었
고요. 그런데 일제강점기에 일본인들이 춘당지와 논들을 모두 합쳐 거대한 연
못으로 만들어요. 그리고 연못을 중심으로 식물원도 만들고 놀이공원 시설도
갖춥니다. 물론 그들의 국화인 벚꽃도 심었어요. 이후 창경궁 후원은 공원인 창
경원이 되어버립니다.

일제강점기에 유원지로 전락한 창경궁의 후원 춘당지

인재들을 만나는 곳 — 창경궁 함인정

창경궁의 정전인 명정전 뒤쪽으로 정자 한
채가 덩그러니 서 있습니다. 사방이 뻥 뚫
린 함인정입니다. 내전으로 가는 길에 위
치해 있는 함인정 앞쪽으로는 넓은 마당이
있습니다. 바로 이곳에서 영조는 과거에 급
제한 사람들을 만났다고 합니다.

학이 날개를 편 모습을 한 함인정

누에와 관련 깊은 곳 — 창경궁 관덕정

자, 이제 또 다른 정자로 이동해 볼까요?
관덕정입니다. 연못인 춘당지 건너편에 있
는 작은 정자인데 이곳 주변에는 누에의
먹이인 뽕나무들이 많아 이곳이 침잠례(왕
비가 직접 누에를 치는 의식)와 관계가 있는
정자가 아닌가 추정합니다. 관덕정은 단풍

가을의 관덕정은 아름다움의 극치이다.

이 워낙 아름다워 창덕궁과 창경궁 내에서 최고의 풍경을 볼 수 있는 곳으로도
유명합니다.

창경궁 후원의 대온실

창경궁은 치욕의 근대사를 고스란히 안고
있는 궁궐입니다. 창경원이라는 식물원, 동
물원 그리고 유원지가 되면서 말이죠. 지금
은 유원지 시설도 사라지고 동물들도 서울
대공원으로 옮겨지면서 궁궐로서의 모습을
조금씩 갖춰가고 있습니다만 아직도 식물

100년의 역사를 간직한 창경궁 대온실

원은 원형 그대로 남아 있습니다. 비록 일제에 의해 만들어진 식물원이지만 한
국 최초의 유리 건축물이란 이름으로 2004년에는 등록문화재 제83호로 지정
되기까지 했습니다. 조금은 불편한 마음이지만, 그래도 창경궁에 간다면 한번
쯤 방문해도 될 듯합니다.

경희궁의 유일한 후원 ─ 황학정

지금이야 상상조차 되지 않지만 경희궁에
도 후원 영역이 있었습니다. 물론 대부분 사
라졌지만 그래도 유일하게 남아 있는 후원
건물이 있으니 황학정입니다. 황학정은 고
종 황제의 명령으로 지어졌지만 일제강점
기에 일본인들이 모든 건물들을 팔면서 현
재 종로구 사직동으로 옮겨져 있습니다.

황학정. 원래 경희궁 북쪽 후원에 있던 정자이다.

고종 황제의 커피 향이 느껴지는 — 덕수궁 정관헌

보통 궁궐 건물 하면 나무 기둥에 기와를
얹은 전통 형식의 궁궐을 생각합니다. 그
러나 대한제국 시절 여러 가지 서양 문물
을 받아들이게 되면서 궁궐 건물 역시 서
양식으로 바뀌었습니다.

덕수궁의 후원 정관헌

　특히 덕수궁 후원에 있는 정관헌은 우
리 건축 양식과 서양 양식이 묘하게 혼합
되어 있어요. 러시아 건축가가 설계를 했
지만 지붕은 우리의 팔작지붕이고, 난간
에 새겨진 박쥐, 사슴 등의 문양도 우리에
게 매우 익숙합니다. 고종 황제는 이곳 정
관헌에서 음악을 들으며 커피를 즐겼다고
합니다. 러시아에서 들여왔다는 바닥의
타일도 잘 보존되어 있습니다.

정관헌 내부. 고종 황제가 즐겼다는 커피 향이
나는 듯하다.

대한제국의 영빈관 — 덕수궁 돈덕전

덕수궁 돈덕전은 대한제국 시기 고종 황제가 외국의 주요 손님들을 맞이하고
연회를 베풀었던 건물이에요. 이 건물은 1901년에 착공하여 1903년에 완공을
한 것으로 전형적인 서양식 건물입니다. 그러나 이곳 역시 일제에 의해 헐리고

복원된 돈덕전

맙니다. 심지어 돈덕전 터는 유원지로 쓰이기도 했습니다. 사라진 돈덕전은 2020년대 들어 발굴 조사와 복원이 이루어졌습니다. 복원된 돈덕전은 석조전과 더불어 근대 국가 대한제국의 상징적인 건축물이라 할 수 있습니다.

대한제국 시기 돈덕전

창덕궁 후원 부용지 일대

6부

쏭내관과 함께하는 궁궐 답사

앞에서 우리는 궁궐의 구조와 쓰임을 바탕으로 5대 궁궐을 살펴보았습니다. 그런데 막상 답사를 하려면 어디서부터 어떻게 시작해야 할지 막막해집니다. 그래서 책을 들고 직접 궁궐을 답사할 수 있는 과정을 궁궐별로 소개합니다. 궁궐 건물을 만나고 지날 때마다 앞서 설명했던 모든 것들이 새록새록 다시 떠오르실 겁니다.

자, 그럼 떠나볼까요!

1장

경복궁

1392년 조선이 건국되면서 태조는 지금의 서울 북악산 아래 경복궁을 세웁니다. 이후 경복궁은 200여 년간 조선의 법궁으로서 역사의 중심이 되었으나, 1592년 임진왜란이 발발하면서 모두 소실된 후 방치되다 270여 년 후인 1867년 고종 임금 시절에 되살아납니다. 그렇게 다시 생명을 얻은 경복궁은 일제에 의해 전체 건물의 90%가 훼손되는 비운을 겪습니다. 그러나 1991년부터 시작된 경복궁 복원 프로젝트로 많은 건물들이 서서히 제 모습을 찾기 시작했습니다. 모든 건물이 온전한 모습을 찾는 그날이 빨리 오기를 기원하며 경복궁 답사를 시작해 봅니다.

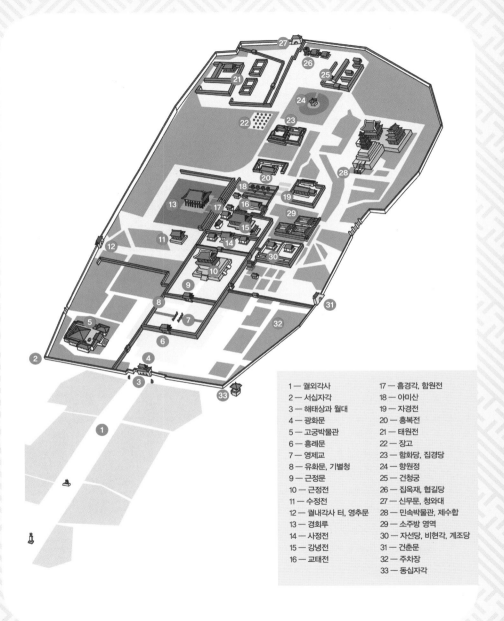

1 — 궐외각사
2 — 서십자각
3 — 해태상과 월대
4 — 광화문
5 — 고궁박물관
6 — 흥례문
7 — 영제교
8 — 유화문, 기별청
9 — 근정문
10 — 근정전
11 — 수정전
12 — 궐내각사 터, 영추문
13 — 경회루
14 — 사정전
15 — 강녕전
16 — 교태전
17 — 흠경각, 함원전
18 — 아미산
19 — 자경전
20 — 흥복전
21 — 태원전
22 — 장고
23 — 함화당, 집경당
24 — 향원정
25 — 건청궁
26 — 집옥재, 협길당
27 — 신무문, 청와대
28 — 민속박물관, 제수합
29 — 소주방 영역
30 — 자선당, 비현각, 계조당
31 — 건춘문
32 — 주차장
33 — 동십자각

1 — 궐외각사

경복궁 답사는 경복궁 앞 궐외각사의 흔적을 찾는 것부터
시작합니다. 조금 힘들더라도 이렇게 꼼꼼히 옛 조상들의
흔적을 찾아가는 것이 참다운 답사겠죠?

세종로의 원래 이름은 육조거리라고 하죠.
육조란 법무부, 기획재정부 등의 행정기
관을 말하는데, 그 육조와 의정부가 바로
세종로 양쪽에 위치했기 때문에 육조거
리라고 불렀죠. '광화문 열린시민마당'을
시작으로 교보문고까지 천천히 걸어가보
세요. 지금은 모두 사라졌지만 조선시대의

관청을 생각해 보면서 걷다가 교보문고 앞 횡단보도를 건
넌 후 다시 광화문 쪽으로 걸어갑니다. 눈이 아니라 마음
으로 답사를 하는 곳이 육조거리입니다.

① 오늘날의 **세종로**

② 조선시대 **육조거리**

- **의정부** : 조선 전기 행정기관으로 영의정, 좌의정, 우의정의 삼정승 합의에 따라 정책이 결정되는 조선시대 최고의 행정기관
- **이조** : 관리들의 채용, 임용, 봉급 등 인사 행정을 담당했던 기관
- **한성부** : 서울의 옛 이름인 한성의 지방행정기관으로 오늘날 서울시청에 해당한다.
- **호조** : 재정을 관리했던 부서로 오늘날 기획재정부에 해당한다.
- **공조** : 각종 공사 등을 담당하는 기관으로 오늘날 국토교통부와 같다.
- **형조** : 법률, 형벌 등을 담당하는 부서로 오늘날 법무부에 해당한다.
- **병조** : 군사를 담당한 부서로 오늘날 국방부에 해당한다.
- **사헌부** : 관리의 비리 등을 조사하는 오늘날 감사원에 해당한다. (사진 ③ : 사헌부 터 표석)
- **중추부** : 은퇴한 당상관 이상의 고위 관리를 관리하고 대우해 주던 기관

• **예조** : 예악이나 제사 등 국가의 각종 행사를 담당한 부서로 오늘날 문화체육관광부에 해당한다.

2 ― 서십자각

육조거리에 위치한 각 부서를 살폈다면 이제 지금의 정부
종합청사를 왼쪽으로 끼고 계속 걷다가 횡단보도를 건너
면 경복궁의 서쪽 끝이 나오죠. 그곳에는 서십자각이 있었
습니다. 십자각이란 망루를 말합니다. 경복궁이 살아 있을
때에는 광화문을 중심으로 동쪽과 서쪽에 망루가 설치되
어 궁궐의 경비를 섰지요. 바로 그 서쪽의 십자각을 서십
자각이라 합니다. 그러나 불행히도 서십자각은 일제강점
기에 헐려 지금은 그 흔적조차 찾을 수 없게 되었답니다.
비록 건물은 없지만 한번 상상을 해봅시다. 웅장한 서십자각이 보이시나요?

① **서십자각 표지석**
② 서십자각 상상하기 : 서십자각은 경복궁 서쪽 궁성(궁궐을 둘러싼 성벽) 끝의 망루이다.

3 ― 해태상과 월대

서십자각 터에서 궁성을 따라 광화문 쪽으로 가다 보면
해태상이 나옵니다. 해태는 해치라고도 하죠. 부정을 저지
르거나 악한 이들을 물어 죽인다는 정의를 상징하는 상상
속의 동물입니다. 투명한 정치 행정을 꿈꾸던 조선왕조의
철학이 바로 이 해태상에 깃들어 있지 않을까요?

① **해태상**의 위치 보기 : 일제강점기에 사라진 해태상은 광복 이후 광화문 바로 앞에 위치했으나 월대의 복원과 함께
　조금 더 가까이 자신의 자리로 돌아왔다.

4 — 광화문

해태상을 바라보니 우리는 벌써 광화문 앞에 와 있습니다. 광화문은 경복궁의 정문입니다. 광화문은 일제강점기에 동쪽으로 옮겨진 후 한국전쟁 때 파괴되었고, 지난 1968년 목조를 가장한 가짜 콘크리트 광화문이 들어섰으나, 다시 제 위치에 제대로 된 전통 기법으로 복원됩니다(2010년). 광화문은 세 개의 아치형 문(홍예문)이 있습니다. 우리는 가운데 문으로 한번 통과해 볼까요?

① **광화문**(光빛광 化될화) : 임금의 덕이 세상에 비친다는 뜻

② **콘크리트 광화문** 상상하기 : 불과 얼마 전까지 경복궁의 정문 광화문은 콘크리트 구조물로 만들어진 가짜 광화문이었다.

③ **아치 천장의 그림 보기** : 문신이 드나들었다는 동쪽 아치 천장에는 구름 속을 거니는 천마, 임금께서 이용하신 가운데 아치 천장은 남쪽을 상징하는 주작(봉황새), 무신이 드나들었다는 서쪽 아치 천장에는 거북이가 그려져 있다.

④ 수문장 교대식 보기

5 — 고궁박물관

광화문을 지나 용성문을 지나면 국립고궁박물관이 보입니다. 사실 이곳에 조선시대부터 이런 건물이 있지는 않았을 거예요. 그럼 이 건물이 지어지기 전에 과연 어떤 기능을 했던 건물들이 있었을까요? 이곳은 궁궐 내 사람들이 사용했던 말이나 가마를 관리했던 관청인 사복시가 있던 곳으로 요즘으로 비유하자면 차고와 정비소가 있던 곳입니다.

① 고궁박물관 바라보며 지면 살피기 : 고궁박물관이 위치한 지면의 높이와
경복궁 건물의 지면 높이가 1미터 이상 차이를 보이는 것은 150년 전 경
복궁을 지을 당시의 지면이 우리가 걷고 있는 지면보다 낮았기 때문이다.

② 고궁박물관 바라보며 상상하기 : 이곳에는 원래 일영대(해시계를 설치하는
곳), 마구간, 연고(임금의 가마 보관 장소), 덕응방(공주, 옹주 등 왕실 여인들
이 사용하던 가마를 관리하는 곳) 등의 건물들이 있었다.

6 — 흥례문

이제 본격적인 경복궁 답사가 시작됩니다. 흥례문은 정문
인 광화문과 근정전 사이의 문으로 광화문이 경복궁 전체
의 상징적인 문이라면 흥례문은 경복궁의 실제 남쪽 출입
문 역할을 했습니다.

① **흥례문**(興일으킬흥 禮예의예) : 예를 일으킨다는 뜻
② 조선총독부 건물 상상하기 : 36년 동안 우리 민족에게 상처를 주었던 조
선총독부 건물이 바로 이곳에 있었다.

7 — 영제교

영제교는 궁궐 입구에 흐르는 금천을 건너는 돌다리입니다. 영제교를 건너면 임금님의
세상인 궁궐에 본격적으로 들어가는 것이라 합니다. 그러
니 영제교는 임금과 백성을 연결시켜주는 다리의 기능도
하는 거죠.

① 영제교 주변의 **서수** 보기 : 혹시 물속으로 임금을 해치려는 잡귀들이 들어
오지 않을까 계속 물 밑을 바라보고 있는 날카로운 서수의 눈을 본다.
② 영제교의 아픔 느껴보기 : 영제교는 조선총독부 건물로 방치되었다가 80
여 년 만에 제자리로 돌아왔지만 많은 부분이 없어져 새로 만들었는데 옛
것과 새로 만든 돌이 너무나 극명히 차이가 난다. 망치와 정으로 힘들게 돌
을 쪼갰던 장인들의 손길을 영제교 난간을 만지며 느껴보자.

③ 행랑이 아닌 행각으로 상상하기 : 이곳 행각에는 내병조(군사를 담당했던 병
조라는 관청에서 파견된 일종의 출장소 같은 곳), 결속색(궁궐 순찰 등의 업무를
맡는 기관) 등의 사무실과 창고가 있었다.

8 — 유화문과 기별청

영제교를 지나면 왼쪽으로 유화문이 보입니다. 이 문을 통과하면 신하들의 공간인 궐
내각사가 나옵니다. 그러나 실제로 이 문을 쉽게 이용하지는 않았다고 합니다. 대부분
의 신하들은 경복궁 서쪽문인 영추문을 통해 출퇴근을 했다고 하네요. 여기서 잠시 눈
을 멈출 곳은 기별청입니다. 많이 들어보셨죠? 기별은 소식이란 뜻인데 바로 궁궐 내에
서 발행하는 기관지, 즉 궁궐 소식지를 만들어 붙이는 곳이라 합니다.

① 유화문(維헤아릴유 和조화로울화) : 예를 실천함에 조화로움이 중요하다는
뜻으로 영제교에서 궐내각사로 들어가는 문
② 기별청(奇새로울기 別나눌별 廳관청청) : 유화문 바로 옆에 위치
③ 덕양문(德덕덕 陽밝을양) : 덕이 밝음, 즉 동쪽의 밝은 기운을 상징하는 영
제교 동쪽 출입문

기별청

9 — 근정문

영제교를 지나면 바로 눈앞에 근정문이 보입니다. 150년
을 꿋꿋이 버틴 건물이기도 합니다. 근정문은 조선 최고
의 건물이며 경복궁의 상징인 근정전으로 통하는 대문이
죠. 이 대문은 세 개의 문으로 되어 있습니다. 임금, 세자
그리고 중국의 사신만이 가운데 문을 이용했습니다. 근정문

의 계단 중심에는 봉황이 그려져 있는 답도가 있죠. '사람이 다녀야 할 곳인데 답도가
막혀 있네?'라고 생각할 수 있겠지만, 사실 임금님께서는 주로 가마를 타고 다니셨기
때문에 엄밀히 말하자면 가마가 지나가는 계단이라고 할 수 있습니다.

① 근정문 계단 봉황 답도 보기 : 봉황은 성군이 나라를 다스려 태평성대가 오면 난다는 상상 속의 새로 지금은 대한 민국 대통령을 상징한다.

② 근정문(勤근면할근 政다스릴정) : 정치를 부지런히 한다는 뜻

③ 월화문(月달월 華빛날화) : 달이 빛남을 뜻하는 근정문 서쪽 문

④ 일화문(日해일 華빛날화) : 해가 빛남을 뜻하는 근정문 동쪽 문

10 — 근정전(국보 제223호)

근정전은 국가의 주요 행사나 조회 등을 하는 경복궁의 정전이며 한마디로 최고의 건물입니다. 근정전의 앞마당을 조정이라 부르고, 가운데 어도(임금님의 길) 양쪽으로 품계석이 있어 동쪽에는 문반, 서쪽에는 무반이 자리 잡습니다. 앞마당 조정은 북쪽으론 사정문, 남쪽으론 근정문 그리고 동쪽과 서쪽으로는 각각 융문루와 융무루라는 누각이 있는 회랑으로 둘러싸여 있지요. 또한 근정전은 월대라 불리는 2층 기단 위에 위치해 있으며, 가운데에는 임금님의 연(가마)이 오르는 답도가 있고, 각 방향을 상징하는 십이지상이 조각되어 있습니다.

근정전은 밖에서 보면 2층의 형태지만 실제 실내는 단층이죠. 그래서 높이가 어마어마한 기둥들이 건물을 받치고 있습니다. 그런데 얼마 전 근정전 수리를 하면서 기둥이 많이 손상되어 보수를 위해 강원도에서 최고급 소나무를 찾았으나 일제강점기에 좋은 소나무들을 일본 사람들이 많이 베어가 지금은 기둥을 만들 수 있는 높이의 소나무를 찾을 수가 없어 결국 외국에서 수입을 해왔다고 합니다. 정말 일본 사람들이 원망스럽죠? 그건 그렇고, 근정전에 왔으니 사진을 한 장 찍어야 하는데 어디가 좋을까요? 소인을 따라오시죠. 근정전이 가장 멋지게 나오는 곳은 바로 동쪽과 남쪽 행랑이 꺾이는 부분입니다. 이곳에서 사진을 찍으면 근정전과 백악의 웅장함을 모두 담을 수 있어요.

① 근정전(勤근면할근 政다스릴정) : 정치를 부지런히 한다는 뜻

② 선대왕들을 생각하며 어도 걷기 : 정종, 세종, 단종, 세조, 성종, 중종, 명종, 선조 임금께서 이곳 근정전에서 옥새를 이어받아 조선의 국왕이 되었다.

③ **품계석**을 구분하고 옆에 서보기 : 근정전에 가까울수록 가장 높은 신하가 서고 뒤로 갈수록 품계가 낮아진다.(正一品[정1품], 從一品[종1품], 정2품, 종2품…정9품, 종9품)

④ **쇠고리** 보기 : 행사 때 쳤던 차일(천막)을 묶는 고리

⑤ **박석** 보기 : 화강암을 얇게 뜨고 간단히 다듬어 자연미 그대로의 느낌을 살려 앞마당인 조정에 깔았다. 기능적으로 미끄럼 방지, 울퉁불퉁한 박석 표면으로 햇빛의 반사가 분산되는 효과 등이 있다.

⑥ 맨 밑 기단의 **서수 가족상** 보기 : 밤낮으로 1년 365일 조정을 지키고 있는 암수 한 쌍과 그들의 새끼를 보고 있으면 매우 소박한 조선의 철학을 느낄 수 있다.

⑦ 근정전 **옥좌**와 **일월오봉도** 보기 : 오봉이란 5개의 봉우리를, 일월은 임금을 상징하는 해와 왕비를 상징하는 달을 의미한다.

⑧ 근정전 내부의 **높은 기둥** 보기 : 불행히도 수입한 목재로 복원했다.

⑨ 근정전 내부의 **천장** 보기 : 황제의 상징인 7개 발톱의 용 조각은 중국과 대등한 위치의 조선을 내세운 흥선대원군의 의지를 엿볼 수 있다(조선의 국왕을 상징하는 용의 발톱은 5개인 오조룡이다).

⑩ 근정전 기단 위에 올라 **방향별 서수** 보기 : 각 방향별로 상징되는 동물상을 하나씩 꼼꼼히 살펴본다(본문 127쪽 참조).

⑪ **향로(정)** 보기 : 건물 바로 앞의 그릇으로 향로라고도 하고 정이라고도 한다. 특히 이 물건을 받치고 있는 받침돌의 형태를 보면 맨 밑이 네모(땅), 다음이 팔각(사람), 다음이 원(하늘) 모양으로 천지인(天地人)을 상징한다.

⑫ **드므** 보기 : 화재 예방을 위해 항상 맑은 물을 담아 두는 그릇을 드므라 하는데, 불 귀신이 물에 비친 자신의 모습을 보고 도망친다는 주술적인 의미가 있다.

⑬ **동쪽 행각 걸으며 생각하기** : 근정전 동쪽 계단으로 내려와 동쪽 행각을 걷는다. 이곳에는 서방색(임금이 쓰시는 문방구를 제공), 관광청(과거시험 업무), 양미고(곳간) 등의 기관이 있었으나 일제강점기 때 야외 전시장을 만들면서 없어져 지금은 회랑의 형태로 뻥 뚫려 있다.

⑭ **서쪽 행각 걸으며 생각하기** : 동쪽 행각과 마찬가지로 향실(향 등을 보관), 예문관(국가의 공식 문서 작성), 내삼청(왕실 친위부대) 등 각종 기관들이 있었다.

⑮ **근정전에 걸린 일장기 생각하기** : 우리 민족의 상징인 경복궁 근정전에 일장기가 걸렸었다.

11 — 수정전(보물 제1760호)

근정전 답사가 서행각에서 끝났다면 걸음을 서행각의 작은 문으로 옮겨봅니다. 원래

이쪽에는 문이 없었는데 여러 가지 공사로 인해 트인 문이라고 합니다. 이 문을 통해 바로 나가면 수정전이 보입니다. 수정전은 600여 년 전 세종대왕께서 세우신 그 유명한 집현전 건물이 있던 자리였습니다. 이 건물은 집현전에서 훗날 홍문관으로 그리고 수정전으로 이름이 바뀌었죠. 건물 앞쪽에 월대가 있는 것으로 보아 이곳이 조금은 특별한 공간이었다는 사실도 알 수 있습니다. 물론 이곳도 다른 주요 건물처럼 행각과 수정문 등이 있었지만 지금은 모두 사라지고 이렇게 건물만 덩그러니 남아 있습니다.

① **수정전(修닦을수 政다스릴정)** : 나라 다스리는 일을 잘 수행한다는 뜻
② 집현전 학자들의 책 읽는 소리 상상하기 : 600년 전 세종대왕을 도와 조선왕조의 기틀을 잡았던 학자들의 책 읽는 소리를 상상해 보자.

12 ― 궐내각사 터와 영추문

수정전을 살펴본 다음 바로 봐야 할 곳이 넓은 잔디밭입니다. 이곳 잔디밭은 궁궐의 정원이 아닙니다. 바로 신하들의 공간인 궐내각사 터였지만 불행히도 일제강점기에 모두 헐리고 그 빈터를 잔디로 덮어놓은 영역입니다. 슬픈 역사가 그대로 묻혀 있다고 해도 과언이 아니죠. 이곳에는 장금이의 수라간, 내시들이 일하는 내반원, 국립도서관 격인 옥당, 왕실 병원인 내의원, 삼정승의 회의 장소인 빈청, 비서실인 승정원 등 다양한 관청들이 존재했답니다. 그리고 관리들은 경복궁의 서쪽 문인 영추문을 통해 주로 출퇴근을 했습니다. 이 영추문은 일제강점기에 헐렸으나 1975년 콘크리트로 급조해 나무인 척 칠한 가짜 건물입니다.

① **궐내각사 상상하기** : 수정전만 현존하며 흰색 바탕 부분은 사라진 궁궐 건물이다.

② **수라간 영역 상상하기** : 수라상을 만드는 부엌

③ **내반원 영역 상상하기** : 내시들이 일하는 관청

④ **승정원** : 승지들이 근무했던 비서실

⑤ **빈청** : 삼정승의 회의 장소

⑥ **옥당** : 왕실 자문 역할을 했던 기관으로 홍문관이라고도 함

⑦ **내의원** : 허준이 근무했던 내의원

⑧ **내각** : 규장각의 다른 말로 원래 왕실 관련 문서를 관리하는 곳

⑨ **가짜 영추문 감상하기** : 처마 맨 끝을 보면 단청이 벗겨져 회색 콘크리트가 보인다. 영추문(迎秋門)은 '가을을 반긴다'는 뜻으로 경복궁의 서쪽 궁문이다.

13 ─ 경회루(국보 제224호)와 미완의 담장

궐내각사 터를 따라 북쪽으로 조금만 가면 왕실의 휴식 공간이었던 멋진 경회루의 모습이 보입니다. 정말 멋지죠? 그러나 이런 멋진 경회루는 일제강점기 그리고 광복 이후에도 유원지로 전락하고 맙니다. 왕실의 휴식 공간이니 궐내각사에서 경회루는 보이면 안 되는 신성한 공간이었겠죠. 왕실 가족이 쉬는 공간이니까요. 그러니 이곳에는 높은 담이 있었을 거예요. 얼마 전 그 담의 복원 공사를 했는데 만약 담을 완공하면 경복궁 관람객들이 경회루의 아름다운 모습을 볼 수가 없을 거예요. 그래서 이렇게 복원을 하다가 멈추었어요. 또한 경회루 뒤쪽으로는 작은 정자가 보일 거예요. 이 정자는 조선시대가 아닌 광복 후에 만들어졌다고 합니다. 이곳에서 이승만 대통령은 낚시를 하셨다네요.

① 일제강점기에 유원지로 전락한 경회루의 모습 상상하기 : 경회루(慶경사경 會모일회 樓망루루)는 경사스러운 연회라는 뜻

② 하향정(荷연꽃하 香향기향 亭정자정) : 경회루 뒤 작은 정자로 연꽃의 향이라는 뜻

③ 경회루 담장 흔적 찾기 : 이렇게 오래된 돌이 박혀 있다는 것은 분명 이곳에 어떤 형태의 건물이 존재했다는 증거다.

④ 경회루의 돌기둥 보기 : 바깥쪽 돌기둥은 네모(땅), 안쪽은 동그라미(하늘)로 천지, 즉 우주를 의미한다. 또한 돌기둥에 있는 한국전쟁 당시의 총탄 자국을 보면서 격동기 근대사를 느껴보자.

⑤ 경회루 연못 잉어 보기

⑥ 미완의 담장 보기 : 높은 담장이 있어야 하지만 복원을 할 수 없는 안타까움이 느껴진다.

⑦ 자시문(資재물자 始비로소시) : 만물이 건원에 의뢰하여 시작한다는 뜻으로 경회루 동쪽 담장 첫 번째 문

⑧ 함홍문(含품을함 弘클홍) : 포용하고 너그럽다는 뜻으로 동쪽 두 번째 문

⑨ 이견문(利이로울이 見볼견) : 대인을 만나봄이 이롭다는 뜻으로 동쪽 세 번째 문

⑩ 만시문(萬일만만 始시작할시) : 만물이 의뢰하여 비롯한다는 뜻으로 경회루 북동쪽 문

⑪ 필관문(必반드시필 觀볼관) : 반드시 그 여울목을 살핀다는 뜻으로 경회루 북쪽 가운데 문

14 ─ 사정전(보물 제1759호)

경회루 답사가 끝나면 바로 남쪽으로 내려와 사정전으로 통하는 쪽문으로 들어갑니다. 사정전은 임금님이 공식 업무를 보는 공간입니다. 편전인 사정전과 양쪽의 보조 건물인 만춘전, 천추전이 있고 남쪽의 행각에는 임금님께서 쓰시는 물건을 보관하는 창고로 구성되어 있습니다. 물론 사정전과 보조 건물들 사이에는 원래 복도각이 있었겠죠? 임금님께서는 웬만하면 땅을 밟지 않으셨으니까요. 지금은 모두 없어져 이렇게 건물만 덩그러니 있습니다. 특히 만춘전, 천추전에는 한국전쟁 당시 국보급

보물들을 보관했던 장소이기도 합니다.

① **사정전**(思생각사 政다스릴정) : 늘 생각하면서 정치를 한다는 뜻

② **천추전**(千일천천 秋가을추) : 천 년의 가을. 1867년 건립된 사정전 서쪽의 보조 건물로, 천은 오래고 영원한 뜻을 지니며 서쪽은 가을을 의미한다. 한국전쟁 당시 소중한 보물들이 보관된 장소였으나 폭격으로 모두 파괴되었다.

③ **만춘전**(萬일만만 春봄춘) : 만 년의 봄. 사정전 서쪽의 보조 건물로 만은 오래고 영원이란 의미이며 동쪽은 봄을 의미한다.

④ **천자고 보기** : 임금님 관련 물건이나 재산을 보관했던 남행각 창고를 천자고라 한다. 천자고는 101호, 102호 등 각 창고를 구분하는 호수라고 할 수 있다. 옛날에는 숫자가 아니라 이렇게 하늘천, 땅지, 검을현 등의 천자문을 순서로 썼다.

⑤ **사정전과 부속 건물 뒤쪽 보기** : 사정전은 굴뚝이 없고 만춘전과 천추전은 굴뚝이 있다. 사정전에는 온돌 시설이 없다는 것을 의미한다(겨울에는 보조 건물에서 정사를 살폈다고 한다).

⑥ **천추전과 사정전 사이의 복도각 상상하기** : 지금은 없지만 원래의 경복궁에는 양쪽 건물을 잇는 복도각이 있었을 것이다.

⑦ **사정전 앞 해시계 보기** : 세종대왕 때 만들어진 해시계는 계절과 시간을 모두 알 수 있는 매우 과학적인 시계이다(본문 144쪽 참조).

⑧ **사정전 내부 보기** : 우리가 흔히 보는 사극에서 단골로 등장하는 곳이 바로 사정전이다.

⑨ **용신당**(用사용할용 申펼신) : 써서 펼친다는 뜻으로 사정전 서쪽 행각

⑩ **협선당**(協협력할협 善착할선) : 임금과 신하가 서로 선(善)을 돕는다는 뜻으로 서쪽 행각

⑪ **사현문**(思생각사 賢어질현) : 군주가 어진 신하를 생각한다는 뜻으로 사정전 동쪽 행각 남쪽 문

⑫ **연태문**(延불러들일연 泰편안할태) : 태평을 불러들인다는 뜻으로 사정전 동쪽 행각 북쪽 문

15 — 강녕전

이제 우리가 가야 할 곳은 임금님께서 공인이 아닌 개인으로서 생활을 하는 강녕전입니다. 사정전 뒤쪽으로는 향오문이 나오고 향오문을 지나면 침전인 강녕전이 나옵니다. 하루의 고된 일을 마치시고 침전으로 드시는 임금님의 모습을 상상하며 강녕전으

로 들어가봅시다.

① **향오문**(嚮향할향 五다섯오) : 오복을 향한다는 뜻. 강녕전의 정문으로 오복
은 수(壽, 목숨), 부(富, 재물), 강녕(康寧, 건강과 편안함), 유호덕(攸好德, 덕
을 베풀기 좋아함), 고종명(考終命, 제명에 편히 죽음)을 말한다.

② **강녕전**(康편안할강 寧편안할영) : 강녕은 오복 중 하나로 건강하게 사는 것
을 뜻함

③ **강녕전 합각 보기** : 강녕의 강(康)자가 새겨져 있다.

④ **어정 보기** : 임금님의 전용 우물로 음용수나 세숫물은 이곳에서 공급했다.

⑤ **복도각 상상하기** : 강녕전 설계도를 보면 부속 건물이 복도각으로 연결되
어 있었다.

⑥ **경성전**(慶기뻐할경 成완성할성) : 완성함을 기뻐한다는 뜻으로 강녕전 동쪽
보조 건물

⑦ **응지당**(膺받을응 祉복지) : 복을 받는다는 뜻으로 경성전 뒤쪽 보조 건물

⑧ **연생전**(延맞이할연 生생명생) : 생명을 맞이한다는 뜻으로 강녕전 서쪽 보
조 건물

⑨ **연길당**(延맞이할연 吉복길) : 복을 맞이한다는 뜻으로 연생전 뒤쪽 보조 건물

⑩ **건의당**(建세울건 宜마땅할의) : 마땅함을 세운다(어진 이를 높이다)는 뜻으
로 강녕전 남쪽 행각의 연소당 서쪽에 있는 당

⑪ **용부문**(用재산용 敷나누어줄부) : 백성들에게 재산(오복)을 나누어준다는
뜻으로 강녕전 남쪽 행각 향오문 서쪽의 문

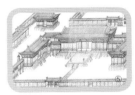

⑫ **연소당**(延맞이할연 昭밝을소) : 광명(밝음)을 맞이한다는 뜻으로 남행각 향
오문 서쪽의 당

⑬ **청심당**(淸맑을청 心마음심) : 마음을 맑게 한다는 뜻으로 남행각 향오문 동
쪽에 있는 당

⑭ **안지문**(安편안할안 至이를지) : 편안함에 이른다는 뜻으로 남행각 향오문 동쪽에 있는 문

⑮ **수경당**(壽오래살수 慶복경) : 장수를 누리는 복이란 뜻으로 동행각 아래쪽에 위치한 당

⑯ **지도문**(志뜻지 道길도) : 도에 뜻을 둔다는 뜻으로 동행각에 있는 문

⑰ **계광당**(啓열계 光빛광) : 밝은 빛이 열린다는 뜻으로 동행각 중앙에 있는 당

⑱ **흥안당**(興일으킬흥 安편안할안) : 편안함을 일으킨다는 뜻으로 동행각 위쪽에 있는 당

⑲ **내성문**(乃어조사내 成이룰성) : 이룬다는 뜻으로 서행각에 있는 문

16 ─ 교태전

강녕전 바로 뒤에는 궁궐에서 제일 깊숙한 곳에 위치한 중궁전인 교태전이 있습니다. 왕비님의 공간답게 정말 화려하면서도 기품 있는 모습을 보입니다. 교태전은 함홍각, 원길헌, 건순각 등 보조 건물과 복도로 연결되어 밖에서 보면 마치 하나의 건물로 보여집니다. 정문인 양의문으로 들어가면 오른쪽부터 시계반대방향으로 답사를 해봅니다. 또한 강녕전이나 교태전 등 내전 안에는 가구 등 세간살이들이 거의 없다고 합니다. 공간의 문제, 안전 문제 등으로 세간살이들은 모두 앞쪽 행각에서 보관하고 그때그때 필요할 때마다 나인(궁궐 안에서 왕과 왕비를 가까이 모시는 사람)들이 옮겼지요.

① **양의문**(兩두양 儀법식의) : 양과 음, 하늘과 땅, 임금과 왕비를 뜻하는 교태전의 정문

② **교태전**(交주고받을교 泰클태) : 음양이 조화되어 태평을 이룬다는 뜻. 경복궁의 중궁전으로 평상시에는 서쪽 침실을, 임금님과 합궁하는 날에는 동쪽 침실을 이용했다.

③ **샛문**의 아름다움 보기 : 교태전에서 서쪽 보조 건물 함홍각으로 통하는 샛문

④ 조선시대 맨홀 보기 : 경복궁에서 볼 수 있는 몇 안 되는 원래의 하수구

⑤ 내부 천장의 단청을 보면서 기계가 아닌 일일이 직접 그렸을 장인들의 땀방울을 생각하기

⑥ **승순당**(承이을승 順순응할순) : 받들어 순종한다는 뜻으로 남행각 양의문 동쪽의 당 이름

⑦ **체인당**(體체득할체 仁어질인) : 어짊을 체득한다는 뜻으로 동행각 아래쪽의 당 이름

⑧ **만통문**(萬일만만 通통할통) : 만물이 형통하여 태평하다는 뜻으로 동행각의 문

⑨ **원길헌**(元으뜸원 吉길할길) : 크게 선하여 길하다는 뜻으로 교태전 동쪽 보조 건물

⑩ **함홍각**(含포용할함 弘너그러울홍) : 포용하고 너그럽다는 뜻으로 교태전 서쪽 보조 건물

⑪ **재성문**(財재단할재 成이룰성) : 계획하여 이룬다는 뜻으로 서행각에 있는 문

⑫ **내순당**(乃이에내 順순할순) : 순종하여 하늘을 받든다는 뜻으로 서행각의 당

⑬ **보의당**(輔도울보 宜마땅할의) : 천지의 마땅함을 돕는다는 뜻으로 남행각 양의문 서쪽의 당

17 — 흠경각과 함원전

흠경각은 세종대왕의 명으로 장영실의 주도하에 지어진 건물이며 주로 과학 기구들을 두었다고 합니다. 엄밀히 따지면 궐내각사 영역에 있어야 하나 농업이 주업이었던 조선시대에 계절을 알고 시간을 아는 과학이 중요했기에 흠경각을 내전 바로 옆에 둔 것으로 보입니다. 이 건물은 일제강점기에 사라진 건물을 1995년에 다시 복원한 것입니다.

함원전은 정확한 기록은 없으나 작은 불상을 둔 기록이 있는 것으로 보아 비록 유교가 국교였지만 불교를 믿었던 일부 왕실 가족들이 이용했을 것으로 보입니다.

① **흠경각**(欽흠모할흠 敬공경할경 閣집각) : 흠모하고 공경한다는 뜻으로 과학 기구들이 있던 건물

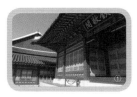

② **자안당**(資바탕으로삼다자 安편안할안) : 평안함을 의지한다는 뜻으로 흠경각 서쪽 행각

③ **함원전**(含간직할함 元원기원) : 원기를 간직한다는 뜻으로 교태전 서쪽에 있으며 불교 행사가 열렸던 건물

④ **대재문**(大큰대 哉어조사재) : 위대하다는 뜻으로 함원전 서행각의 문

⑤ **융화당**(隆왕성할융 和조화로울화) : 조화를 왕성하게 한다는 뜻으로 함원전 서행각

⑥ **어정과 박석 보기** : 자연석 그대로 깔린 박석에 우물마저 자연의 일부처럼 느껴진다.

⑦ **선장문**(善선할선 튽으뜸장) : 선의 으뜸이라는 뜻으로 함원전에서 아미산으로 들어가는 문

⑧ **함원전 화계** : 함원전 뒤 화계에 놓인 굴뚝이 매우 아름답다.

18 ― 아미산(아미산 굴뚝 : 보물 제811호)

함원전 서쪽에 함형문을 지나면 아미산이 나옵니다. 바로 중전마마를 위한 중궁전의 작은 화계입니다. 아미산은 경회루 연못을 파면서 나온 흙으로 쌓은 인공 산입니다. 자연을 담은 아미산의 굴뚝(교태전 굴뚝)과 작은 연못 두 곳을 잘 살펴보면 조선의 아름다운 미학을 느낄 수가 있습니다.

① **아미산 굴뚝** : 국화, 대나무, 박쥐 등 행복과 장수 등을 상징하는 조각이 새겨져 있다.

② **함월지**(涵포용할함 月달월 池연못지) : 달을 품은 연못이라는 뜻으로 아미산 화단에 놓인 작은 돌 연못

③ **낙하담**(落떨어질낙 霞노을하 潭못담) : 노을이 내려앉은 연못이라는 뜻으로 아미산 화단에 놓인 작은 돌 연못

④ **함형문**(咸모두함 亨형통할형) : 만물이 모두 형통한다는 뜻으로 아미산 서쪽 문

⑤ **건순각, 건순문**(健굳셀건 順순할순) : 굳세며 유순하다는 뜻

⑥ **연휘문**(延불러들일연 暉빛휘) : 밝은 빛을 맞이한다는 뜻으로 교태전 뒤뜰의 건순각으로 들어가는 동쪽 문

⑦ **원지문**(元으뜸원 祉복지) : 큰 복이라는 뜻으로 교태전 후원에서 아미산으로 들어가는 문. 지금은 굳게 닫혀 있다.

19 ― 자경전(보물 제809호)

아미산을 빠져 나오면 바로 자경전입니다. 자경전은 대비마마의 공간입니다. 이곳 자경전은 흥선대원군이 자신의 아들을 고종 임금으로 만들어준 대비인 신정왕후 조씨를 위해 지은 건물이며 현존하는 유일한 대비전입니다.

① 잔디밭 보면서 상상하기 : 이곳 잔디밭은 원래 자경전의 보조 건물인 자미당이 있던 자리이다.

② **자경전 꽃담 보기** : 왼쪽부터 석쇠 속의 꽃(그물은 법이며 그물 속의 꽃은 행복을 상징), 장수의 상징인 거북 등 모양, 불변의 상징인 대나무 등이 새겨져 있다.

③ **자경전 합각 보기** : 자경전 합각은 문자가 아닌 사각, 팔각, 원 문양을 새겨 대비의 무병장수를 기원했다.

④ **자경전**(慈어머니자 慶복경) : 어머니께서 복을 누린다는 뜻으로 왕대비를 의미함

⑤ **자경전 서수 보기** : 150년 동안 꿋꿋이 자경전을 지키고 있는 의젓한 모습이다.

⑥ **만세문**(萬일만만 歲해세) : 긴 시간, 즉 무병장수의 뜻으로 자경전의 정문

⑦ **청연루**(淸맑은청 讌잔치연) : 조촐한 연회라는 뜻

⑧ **협경당**(協함께할협 慶경사경) : 함께 경사를 누린다는 뜻

⑨ **십장생 굴뚝**(보물 제810호) : 자경전 뒤뜰 담장에 붙어 있는 굴뚝. 대비마마의 건강과 장수를 기원하는 다양한 문양들이 새겨져 있다. 소나무, 구름, 사슴, 거북, 불로초, 학, 해와 달, 바위, 물….

20 — 흥복전

흥복전은 고종 임금 때 새로 지어진 건물로 신하들과 업무를 보던 건물로 사용되었으나 일제강점기 때 헐린 이후 잔디밭으로 변했습니다. 그러던 것을 2018년 복원 공사를 거쳐 지금은 제 모습을 찾게 되었습니다.

① **흥복전**(興번성할흥 福복복) : 복이 일어난다는 뜻

② 수인문(壽목숨수 仁어질인) : 장수와 어진 품성을 뜻함

③ 조선 전기 경복궁의 화려한 모습 상상하기 : 2004년 흥복전 터에서 발굴된 형형색색의 기와들

21 — 태원전

이번에는 조금 걸으셔야 합니다. 왜냐하면 경복궁 서북쪽에 위치한 태원전을 가야 하거든요. 태원전은 왕실 장례식장의 역할을 했던 곳입니다. 일제강점기에 모두 헐리고 광복 후에는 그 자리에 청와대 경호부대가 주둔해 있어 감히 접근조차 할 수 없었죠. 다행히 시대가 바뀌면서 태원전은 복원을 마치고 우리에게 돌아왔습니다.

① 태원전 가는 길에 나오는 넓은 잔디밭의 풍경

② 건숙문(建세울건 肅엄숙할숙) : 엄숙함을 세운다는 뜻으로 태원전의 첫 번째 남문

③ 경안문(景클경 安편안할안) : 크게 평안하다는 뜻으로 태원전을 가기 위해 통과해야 할 두 번째 남문

④ 태원전(泰클태 元기운원) : 태원은 하늘을 뜻하며 장례를 치를 때 재궁(관)을 모시는 빈전

⑤ 영사재(永길영 思생각사 齋집재) : 오래도록 생각하여 가슴속에 새겨둔다는 뜻으로 태원전 보조 건물

⑥ 공묵재(恭공손할공 默묵묵할묵) : 공손히 침묵한다는 뜻으로 국상 중 상주가 머물렀던 곳

⑦ 경사합(敬공경할경 思생각사) : 공경히 생각한다는 뜻으로 공묵재 북행각 건물

⑧ 유정당(維어조사유 正바를정) : 바른 마음을 가진다는 뜻으로 공묵재 북행각 건물

⑨ 숙문당(肅엄숙할숙 門들을문) : 고인의 위패를 모시는 혼전

⑩ 기원문(綺빛날기 元근본원) : 근원을 빛낸다는 뜻으로 건숙문 서편 세답방 남행각 문

⑪ 홍경문(弘클홍 景광명경) : 큰 광명이라는 뜻으로 공묵재 동문

⑫ 보강문(保지킬보 康평안할강) : 평안함을 지킨다는 뜻으로 홍경문 앞쪽 문

⑬ 인수문(仁어질인 壽목숨수) : 어진 덕을 갖추고 장수한다는 뜻으로 건숙문 안쪽 서행각 문

⑭ 건길문(建세울건 吉복길) : 복을 세운다는 뜻으로 영사재 남문

⑤ 대서문(戴받들대 瑞상서로울서) : 상서로움을 간직한다는 뜻으로 영사재 동문

22 — 장고

태원전을 나와 함화당으로 향하는 길에는 장고가 있습니다. 장고는 장을 담근 독을 저장하는 장소입니다. 경복궁에는 향원정과 태원전 사이에 있는데 새로 복원한 곳이죠. 여기서 우리가 느껴야 할 것은 옛날 궁궐엔 사람들이 살았다는 겁니다. 꼭 기억했으면 좋겠네요.

① 복원된 경복궁 내 장고
② 동궐도의 장고 모습

23 — 함화당과 집경당

주변의 모든 건물들이 다 헐렸지만 이곳 함화당과 집경당은 살아남았죠. 그 이유는 명성왕후를 살해한 일제가 건청궁을 헐고 미술관을 지었는데 미술관 사무실로 바로 이곳을 이용했기 때문입니다. 원래 건물 앞쪽으로는 경복궁 매점이 있었는데 다행히 헐고 지금은 담장까지 복원 공사를 마쳤습니다. 이곳에서 고종이 외국 사신들을 접견했다고 하네요.

① **집경당**(緝이어갈집 敬공경할경) : 계속하여 공경한다는 뜻
② **집경당 빙결 무늬** : 화재 예방 차원으로 얼음이 깨진 모습을 형상화했다.
③ **함화당**(咸모두함 和화합할화)과 집경당을 연결하는 **복도각** 보기 : 모두가
　화합한다는 뜻

24 — 향원정(보물 제1761호)

집경당을 나와 북쪽으로 20여 미터를 가다 보면 경복궁
의 얼굴이라고도 하는 향원정과 다리인 취향교가 나오죠.
향원정 다리는 원래 북쪽이었으나 한국전쟁 때 파괴된 이
후 남쪽으로 잘못 세워졌습니다. 그러던 것을 2021년 철
거하고 원래의 북쪽으로 다시 복원하게 되었습니다. 향원
정 주변에는 샘인 열상진원과 우리나라 최초의 전기 발상
지가 있던 표석도 볼 수 있습니다.

① **향원정**(香향기향 遠멀원) : 향기가 멀리 간다는 뜻으로 고종 임금과 명성왕
후가 잠시 휴식을 취하는 모습을 상상해 보자(원래 취향교는 북쪽인 건청궁
쪽을 향해 놓여 있었다).

② **남쪽을 향해 잘못 지어진 향원정의 취향교 모습 상상하기**

③ **열상진원**(洌물시차가울열 上윗상 眞참진 源근원원) : 한강의 진짜 근원(열상
: 한강의 다른 말이 열수(洌水)이므로 한강 위쪽, 즉 서울을 뜻함)이라는 뜻

④ **전기 발상지 표석 보기** : 1887년 3월 6일은 우리나라 최초로 전등이 켜졌
던 역사적인 날이다. 그 전기는 바로 이곳 발전기에서 나왔다.

25 — 건청궁

향원정 위로는 경복궁에서 유일하게 단청을 칠하지 않은 건물이며 궁궐 속 작은 궁이
라는 건청궁이 있습니다. 하늘이 맑으면 더욱더 예쁜 곳입니다. 하지만 이곳의 역사는
너무나 슬프죠. 1895년 명성왕후가 일본 사람들에게 잔인하게 시해당한 바로 그 장소
이기 때문입니다. 건청궁은 1909년 일제에 의해 헐렸으나 2006년 복원되어 지금 우리
가 답사를 하고 있는 것입니다. 그래서 이곳 건청궁 일대는 우리 건축의 아름다움과 슬
픈 역사를 한꺼번에 보아야 올바른 답사가 될 수 있답니다.

① **건청궁**(乾하늘건 淸맑을청) : 맑은 하늘의 집이라는 뜻

② **인유문**(麟기린인 遊놀유) : 기린이 노닌다는 뜻으로 건청궁의 후원격인 바로 옆 녹산으로 들어가는 출입문

③ **초양문**(初처음초 陽양기양) : 처음 나타난 양의 기운이라는 뜻으로 장안당의 동쪽 문

④ **함광문**(含품을함 光빛광) : 만물을 포용해 빛난다는 뜻으로 곤녕합으로 들어가는 남쪽 문

⑤ **곤녕합**(坤땅곤 寧편안할영 閤대궐합) : 땅이 편안하다(즉 왕비의 덕을 말함)는 뜻으로 명성왕후가 시해당한 비극의 장소. 곤녕합의 편액은 고종 임금의 친필이다.

⑥ **옥호루**(玉옥옥 壺호리병호) : 옥으로 만든 호리병이라는 뜻으로 곤녕합의 부속 누각이며 명성왕후의 시신이 잠시 안치되었던 곳

⑦ **사시향루**(四時사계절 香향기향) : 사계절 끊이지 않고 꽃향기가 풍긴다는 뜻으로 곤녕합 남루 동쪽의 현판

⑧ **청휘문**(淸맑을청 輝빛날휘) : 맑은 빛이라는 뜻으로 곤녕합 동쪽 행각문

⑨ **정시합**(正바를정 始처음시) : 처음을 바르게 한다는 뜻으로 곤녕합의 침실 역할을 한 방

⑩ **복수당**(福복복 綏편안할수) : 복을 편안히 받는다는 뜻으로 곤녕합 뒤 부속 건물

⑪ **녹금당**(綠녹색녹 琴거문고금) : 녹색의 거문고라는 뜻으로 곤녕합 뒤 부속 건물

⑫ **관문각** 상상하기 : 이곳에는 우리나라 최초의 서양식 궁궐 건물인 관문각이 있었으나 아직 복원되지 않았다.

⑬ **취규문**(聚모일취 奎별규) : 별을 갖다, 즉 인재를 갖는다는 뜻으로 장안당의 뒤편 서쪽 문

⑭ **관명문**(觀살필관 明밝을명) : 밝은 빛을 살핀다는 뜻으로 장안당의 뒤편 서쪽 문

⑮ **정화당**(正바를정 化교화화) : 올바른 교화라는 뜻이며 장안당의 부속 건물로 침실 역할을 했던 방

⑯ **장안당**(長길장 安편안할안)과 복도각 보기 : 건청궁 내 임금님께서 일하시는 편전의 기능을 했던 곳이며 편액은 고종 임금의 친필이다.

⑰ **추수부용루** 처마 바로 밑에서 올려다보기 : 추수부용루(秋가을추 水물수 芙연꽃부 蓉연꽃용 樓망루루)는 '가을 물 속의 연꽃'이라는 뜻으로 장안당의 부속 누각. 처마 끝 곡선이 마치 학이 날개를 편 듯 힘차고 아름답다.

⑱ **필성문**(弼도울필 成이룰성) : 도와서 이룬다는 뜻으로 건청궁 서남쪽 문

26 ─ 집옥재와 협길당

건청궁 필성문을 빠져나와 서쪽으로 작은 내川를 하나 건너면 넓은 공터 뒤쪽으로 이국적인 건물이 보입니다. 바로 고종이 서재와 외국 사신들을 접견했던 장소로 쓰였던 집옥재입니다. 앞쪽에 월대까지 있으니 중요한 기능을 했던 건물임을 알 수 있죠.

집옥재를 중심으로 왼쪽에는 정자인 팔우정이 오른쪽에는 협길당이란 건물이 복도각으로 연결되어 있습니다. 창호지가 아니라 유리창이 있네요. 그만큼 우리나라도 많은 서양 문물을 받아들이고 있었다는 증거겠죠? 그리고 집옥재가 온돌 시설이 없는 것으로 보아 협길당은 날씨가 추울 때 사용하셨나봐요.

① 집옥재 부속 건물 : 지금은 모두 헐리고 잔디밭만 있다.

② **집옥재**(集모일집 玉옥옥 齋집재) : 옥이 모이는 곳이라는 뜻으로 세로 편액이 특이하다. 집옥재 앞 잔디밭은 이곳에 많은 전각들이 있었다는 증거다.

③ **협길당**(協함께할협 吉복길) : 함께 복을 누린다는 뜻으로 집옥재 보조 건물

④ **집옥재 내부** 공기 마셔보기 : 전체적으로 이국적인 중국풍이고 천장에는 용과 봉황이 그려져 있다. 오래된 집 안에 들어갔을 때의 냄새가 난다. 아마 주인 떠난 빈 건물이라서 그런 것 같다.

⑤ **복도각 창문** 보기 : 1800년도 말에는 이미 유리창이 수입되었던 듯하다.

⑥ 용이 장식된 **집옥재 취두** : 중국풍이 역력하다.

27 ─ 신무문 그리고 청와대

집옥재 답사를 마치면 이제 경복궁의 북쪽 궁문인 신무문을 향해 갑니다. 신무문 역시 오랫동안 군사 구역 안에 있어 출입이 불가능했으나 지금은 자유롭게 관람을 할 수 있

게 되었습니다. 신무문 밖으로는 청와대가 보입니다. 청와대가 있는 자리는 원래 경복궁의 후원 자리였죠. 하지만 일제강점기 총독부 건물의 사저가 만들어지며 이 자리는 경무대를 거쳐 지금의 청와대가 된 것입니다.

① 신무문(神신묘할신 武무신무) : 신묘한 무신이라는 뜻으로 북쪽의 신인 거북을 의미함

② 신무문 홍예 천장 보기 : 북쪽을 상징하는 동물인 현무 그림

③ 청와대를 보며 상상하기 : 원래 청와대 자리는 경복궁의 후원 영역으로 융문당, 융무당 등의 건물과 마당이 있어 과거시험, 군사 훈련 등을 했다.

④ 계무문(癸북쪽계 武무인무) : 북쪽의 무인이라는 뜻으로 거북을 의미함. 계무문은 신무문 오른쪽에 난 문이며 전형적인 벽돌을 쌓아 만든 월문의 형태이다.

⑤ 광무문(廣넓을광 武무인무) : 무(현무)의 용맹함을 넓힌다는 뜻으로 계무문 오른쪽에 난 월문

⑥ 궁성을 따라 동남쪽으로 내려오기 : 옛 경복궁 궁성의 사진과 비교하면서 천천히 걸어보자.

28 — 민속박물관과 제수합

궁성을 따라 남쪽으로 내려오면 오른쪽으로 국립민속박물관이 보입니다. 너무 이국적이죠? 유교 국가인 조선의 궁궐에 불교 사찰이 들어선 형상이에요. 이곳은 선대왕들의 어진(초상화)을 모셨던 선원전이 있던 곳입니다. 너무나 안타까운 현실이지만 우리 스스로 궁궐을 파괴했던 거죠.

① 선원전 상상하기 : 선대왕들의 어진을 모셨던 선원전의 흔적조차 찾을 수 없다.

② 선원전 터에 지어진 민속박물관 바라보기 : 층계는 불국사 청운교, 백운교에서, 가운데 난간은 근정전에서, 지붕은 법주사 팔상전에서, 2층 지붕

화엄사 각황전에서, 맨 동쪽 부분의 3층 모양은 금산사 미륵전에서 모티브를 가져왔다. 유교 국가인 조선의 정궁 경복궁 안에 있기엔 너무나 이질적이다.

③ **제수합 건물 보기** : 민속박물관 앞에는 작은 건물 한 채가 서 있다. 원래 궁궐이 살아 있을 때에는 제수합 같은 수 많은 건물들이 있었겠지만, 모두 사라지고 이렇게 한 채만 덩그러니 남아 있다. 어느 누구도 이 건물이 경복궁 내 건물이라 믿는 사람은 없다.

29 — 소주방 영역

민속박물관을 지나 다시 경복궁 안으로 들어갑니다. 그리고 남쪽으로 내려오다 보면 대비마마의 침전인 자경전을 지나게 됩니다. 그럼 우물과 함께 경복궁의 주방인 소주 방이 나옵니다. 소주방(燒廚房)은 불을 피울 수 있는 부엌을 말합니다. 위치를 보면 임 금님의 침전, 중궁전, 대비전, 세자의 공간인 동궁까지 쉽게 음식을 나를 수 있는 위치 에 있죠? 이런 소주방은 일제강점기에 모두 사라지고 그 흔적조차 잔디밭으로 변하고 말죠. 물론 지금은 발굴 조사를 마치고 복원이 된 상태입니다.

① 넓은 잔디밭(소주방과 생과방 터였다) ② 발굴 조사 당시 모습 ③ 복원을 마친 경복궁 소주방 영역

30 — 자선당, 비현각, 계조당

소주방 남쪽에는 세자의 공간인 동궁 영역이 있습니다. 동궁이란 다음 왕통을 이을 세 자 저하께서 생활하시는 곳입니다. 그래서 태양이 떠오르는 동쪽을 의미하는 동궁이라

불렸고 궁궐의 동쪽에 위치합니다. 이런 중요한 동궁은 일제강점기에 모두 사라졌으나 주요 건물인 자선당, 비현각 그리고 계조당이 복원되었습니다.

① **비현각**(조클비 顯나타날현 閣집각) : 크게 밝힌다는 뜻으로 세자가 공부를 했던 곳

② **이모문**(貽깨쳐줄이 謨계책모) : 계책(선대 국왕이 자손에게 내리는 교훈)을 깨쳐준다는 뜻으로 비현각의 첫 번째 남쪽 문

③ **구현문**(求구할구 賢어질현) : 어진 이를 구한다는 뜻으로 임금은 혼자 결정하는 것이 아니라 어진 이의 도움을 받아야 한다는 의미인 비현각의 동쪽 문

④ **이극문**(貳버금이 極임금자리극) : 두 번째 임금, 즉 세자를 의미하며 구현문 바로 남쪽에 위치한 동궁 권역의 동쪽 문

⑤ **길위문**(吉복길 爲행동할위) : 선한 행동을 한다는 뜻으로 비현각과 자선당 사이의 문

⑥ **궁궐 화장실 보기** : 몇 안 되는 궁궐 내 화장실

⑦ **자선당**(資바탕삼을자 善착할선) : 선을 도움받는다는 뜻

⑧ **중광문**(重거듭할중 光빛광) : 빛나는 덕을 거듭 밝힌다는 뜻으로 자선당의 첫 번째 남쪽 문

⑨ **진화문**(震위세진 化변할화) : 왕세자가 변화한다는 뜻으로 자선당의 남쪽 문

⑩ **미성문**(美아름다울미 成이룰성) : 아름다움이 이루어진다는 뜻으로 자선당의 서행각 문

⑪ **삼비문**(三석삼 備갖출비) : 왕세자가 갖춰야 할 세 가지 덕목(신하의 입장에서 임금을 섬길 것, 자식의 입장에서 부모를 섬길 것, 어린 사람의 입장에서 어른을 섬길 것)을 뜻하며 동궁 권역의 서쪽 문

⑫ **숭덕문**(崇존중할숭 德덕덕) : 덕을 존중한다는 뜻으로 동궁에서 계조당으로 가는 문

⑬ **계조당**(繼계승할계 照깨우칠조) : 깨달음을 계승한다는 뜻으로 동궁 내 세자가 신하들의 조회를 받는 곳

⑭ **춘방, 계방 터 상상하기**

— 춘방 터 보기 : 세자의 교육을 담당했던 기관

— 계방 터 보기 : 세자의 경호 업무를 담당했던 기관

31 ― 건춘문

몇 채 되지도 않는 현재의 경복궁을 답사하는데 이렇게
힘이 드니 건물이 꽉 차 있었던 조선시대의 궁궐이 얼마
나 큰 곳인지 우리는 알 수 있습니다. 어쨌든 동궁 답사를
마치면 건춘문이라는 경복궁의 동쪽 궁문이 보입니다. 건
춘문은 원형 그대로가 보존되어 있는 문이기도 합니다.

① **건춘문**(建세울건 春봄춘) : 봄을 세운다는 뜻. 동쪽은 해가 뜨는 곳이고 하루를 시작하는 곳이므로 사계절 중 시작
　에 해당하는 봄을 이름에 넣었다.

② 건춘문 홍예 **천장** 보기 : 동쪽을 상징하는 청룡이 장엄하게 그려져 있다.

32 ― 주차장

이제 경복궁 출구로 나옵니다. 여러분의 눈앞에는 넓은
주차장이 보이시죠? 지금은 주차장으로 쓰이고 있지만
원래 이곳도 많은 관청들이 있었던 궐내각사였습니다. 이
곳에는 임금님의 의복과 재산을 관리했던 상의원, 궁궐의
경비를 담당했던 수문장청, 최고의 군사기관이었던 오위
도총부 등이 모두 이곳에 위치해 있었다고 합니다.

① 잔디밭과 주차장이 들어선 **궐내각사 터**

② 궐내각사 건물들 상상해 보기. 이곳에는 많은 관청들이 있었다.

33 — 동십자각

주차장을 지나 경복궁 동쪽 출입문으로 나가면 오늘의 마지막 답사 코스인 동십자각이 보입니다. 동십자각은 서십자각처럼 동쪽에 위치한 망루입니다. 그러나 일제강점기에 주변 궁성이 헐리고 이렇게 도로까지 놓여 지금은 경복궁과 관계가 없는 듯 미아가 되어버렸어요. 경복궁 답사의 마지막인 동십자각은 우리의 슬픈 역사를 그대로 보여주면서 묵묵히 경복궁을 지키고 있네요.

① 궁성이 존재했을 때의 **동십자각** 상상하기

2장

창덕궁

창덕궁은 1405년 세워진 이후 조선 전기에는 보조 궁궐인 이궁으로, 조선 후기에는 법궁으로 조선왕조 역사의 희로애락을 함께한 궁궐입니다. 또한 일제에 의해 많은 전각들이 훼손되었으나 1991년부터 복원 사업이 시작되어 1997년에는 유네스코 세계문화유산에 등재되는 영광을 안았습니다. 지형을 최대한 이용해 건물이 배치되고 자연을 거스르지 않고 순응한다는 조선의 아름다움이 궁궐 곳곳에 묻어 있기 때문이죠. 특히 창덕궁의 후원은 오래전부터 잘 보존된 곳으로 생태학적으로나 역사학적으로 많은 관심을 받는 곳입니다.

1 — 창덕궁 가는 길
2 — 돈화문
3 — 삼정승 나무
4 — 금천교
5 — 상의원 영역
6 — 인정전 앞 뜰
7 — 인정전
8 — 궐내각사 터와 빈청
9 — 선정전
10 — 보경당 건물 터
11 — 희정당
12 — 대조전
13 — 수라간
14 — 경훈각 주변
15 — 낙선재, 석복헌, 수강재
16 — 낙선재 북쪽 건물
17 — 성정각, 중희당 터
18 — 후원 가는 길
19 — 부용지 주변
20 — 금호문, 의두합, 기오헌
21 — 연경당
22 — 애련지와 불로문
23 — 관람지 주변
24 — 옥류천 주변
25 — 능허정, 다래나무
26 — 신선원전
27 — 향나무
28 — 궐내각사, 선원전
29 — 금호문

1 — 창덕궁 가는 길

창덕궁 답사는 종로3가역에서 시작합니다. 궁궐의 정문을 보고 천천히 걸어가며 중간중간 나오는 옛 관청 터 표석을 보면서 말이죠. 그 옛날 신하들도 이 길을 따라 걸었을 거예요.

① **종부시 터 표석 보기** : 조선시대 왕실의 족보를 편찬하고 관리하던 관청

② **통례원 터 표석 보기** : 조정의 제사나 의식 등의 안내를 맡아보던 관청

③ **비변사 터 표석 보기** : 조선 후기 국가 정책을 논하던 최고 권력기관

2 — 돈화문으로 입궐하기(보물 제383호)

돈화문이 보입니다. 돈화문은 창덕궁의 정문이죠. 돈화문은 1608년에 중건된 문으로 벌써 400년이 넘은 우리의 보물입니다.

① **돈화문(敦도타울돈 化될화)** : 교화를 돈독하게 한다는 뜻으로 창덕궁의 정문

3 — 삼정승 나무와 사라진 어도

돈화문을 통해 입궐을 하면 바로 왼쪽에 세 그루의 큰 나

무들과 행각 그리고 어도가 사라진 콘크리트 바닥을 보면서 입궐합니다.

① **삼정승(우의정, 좌의정, 영의정) 나무와 행각** 보기 : 행각에는 정문을 지키는 수문장청과 각종 의장들을 보관하는 창고가 있었다.

② 사라진 어도 : 상상하면서 어도 위를 걸어보자.

4 — 금천교(보물 제1762호)

창덕궁의 금천교는 조선의 역사라 해도 과언이 아닙니다. 거의 600년이 넘은 최고의 다리입니다. 특히 금천교를 지키고 있는 조각들의 앙증맞은 표정을 보세요. 웃음이 절로 나옵니다. 하지만 더 이상 금천교 밑으로 물이 흐르지 않네요. 너무 안타깝습니다.

① 600년의 세월을 느끼며 금천교 아래로 맑게 흐르는 금천수 상상하기

② 서수들의 재미있는 표정 보기

5 — 상의원 영역 가보기

금천교를 지나면 바로 진선문 쪽이 아닌 오른쪽으로 돌아가봅니다. 이곳은 창덕궁 관리사무소로 사용되고 있어 관람객들의 출입이 통제되나, 이쪽은 상의원처럼 임금님의 옷이나 궁궐 내 소요되는 각종 재물을 공급하는 관청이

있었던 곳입니다. 안쪽으로 들어가지 못하더라도 넌지시 한번 살펴보는 센스가 필요하겠죠?

6 — 인정전 앞뜰

금천교를 지나 진선문으로 들어가면 넓은 뜰이 나옵니다. 바로 이곳은 인정전에서 열리는 즉위식 같은 주요 행사의 준비 장소 같은 곳입니다. 또한 주변으로는 관련 관청들이 들어서 있죠. 지금은 뻥 뚫린 행랑이지만 원래는 모두 막힌 공간으로 사무실이나 창고 같은 공간이 있었습니다. 동궐도와 비교해 보면 알 수가 있습니다. 이곳은 일제강점기에 모두 헐렸는데 다시 복원한 공간이기도 합니다.

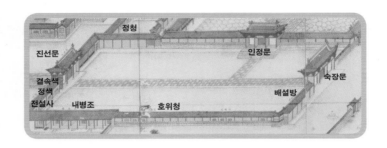

① **진선문**(進나아갈진 善선할선) : 선한 말을 올린다는 의미와 훌륭한 사람을 천거한다는 뜻으로 인정전 앞뜰의 서쪽 문

② **인정문**(仁어질인 政정사정) : 어진 정치라는 뜻으로 인정전의 정문

③ **숙장문**(肅엄숙할숙 章글장) : 엄숙하고 문채(文彩)난다는 뜻으로 인정전 앞뜰의 동쪽 문

④ **정청**(政정사정 廳관청청) : 정무를 보는 관청이란 뜻으로 이조와 병조에 속해 있으며 인사 업무를 처리하는 관청

⑤ **내병조**(內안내 兵병사병 曹무리조) : 대궐 안에 위치한 병조라는 뜻으로 궁궐 안 시위 및 의장을 담당하는 관청

⑥ **원역처소**(員인원원 役부릴역 處곳처 所바소) : 원역들의 처소란 뜻으로 원역은 각 관청의 소속 벼슬아치들 밑에서 일하는 사람들을 말한다.

⑦ **호위청**(扈따를호 衛지킬위 廳관청청) : 임금의 호종과 호위를 맡은 관청

⑧ **상서원**(尚오히려상 瑞상서서 院집원) : 상서로운 기물을 맡은 관서란 뜻으로 옥새 등을 관리하던 관청

⑨ **정색** : 궁궐 병사의 장비를 담당하는 곳

⑩ **전설사** : 천막(차일)을 담당하는 곳

⑪ **배설방** : 의식에 쓰이는 도구를 보관하는 곳

7 — 인정전(국보 제225호)

조선 후기 정궁인 창덕궁의 법전으로 주요 행사 및 의례
가 행해졌던 최고의 건물입니다. 인정전 주변 회랑들 중
안쪽은 사무실이나 창고의 공간이었으나 지금은 뻥 뚫린
형태로 남아 있죠. 이곳에는 다양한 기관과 창고가 존재
했습니다.

① **인정전**(仁어질인 政정사정) : 어진 정치라는 뜻으로 창덕궁의 법전
② **광범문**(光빛광 範법범) : 규범을 빛낸다는 뜻으로 인정전 동문
③ **숭범문**(崇높을숭 範법범) : 규범을 높인다는 뜻으로 인정전 서문
④ **향실**(香향기향 室집실) : 향을 보관하는 방
⑤ **서방색** : 임금의 벼루 등 문방구를 담당하는 곳
⑥ **악기고** : 악기를 보관하는 창고
⑦ **관광청** : 과거시험 관련 관청
⑧ **내삼청** : 임금의 호위 군대
⑨ 인정전 용마루의 **오얏 문양** 보기 : 일제에 의해 이씨조선 이왕가로 격하된 의미의 오얏 문양
⑩ 인정전 **마루** : 전돌이 깔려 있어야 할 바닥은 일제강점기에 마루로 바뀌었다.

8 — 인정전 동쪽 궐내각사 터와 빈청

인정전의 광범문을 통해 나가면 넓은 공터가 보입니다.
궐내각사 터입니다. 삼정승의 회의 장소였던 빈청을 제외
하고 일제강점기 때 모두 사라진 이곳은 승정원 등 많은
관청들이 있었지요. 동궐도를 통해서지만 당시의 관청들
을 한번 상상해 볼까요?

① **승정원** : 임금의 비서실 역할을 했던 곳
② **사옹원 공상청** : 궁궐 내 음식 담당 관청으로 특히 공상청은 팔도에서 올라온 채소 등 진상품을 관할했다.

③ **등촉방** : 궐내 초를 관리하는 곳

④ **빈청** : 삼정승의 회의 장소. 일제강점기에 차고로 바뀌면서 지금은 형태가 많이 왜곡되어 있다.

9 — 선정전(보물 제814호)

궐내각사 터를 보며 치욕의 역사를 되새겨보셨나요? 그 자리에서 시선을 북쪽으로 보면 유일하게 남은 청기와 건물인 선정전입니다. 임금님께서 업무를 보시던 편전이죠.

① **선정전**(宣떨칠선 政정사정) : 정치와 가르침을 널리 떨친다는 뜻으로 창덕궁의 편전

② **기단 살펴보기** : 최근 복원한 기단과 수백 년 된 기존의 기단 색이 많은 차이가 난다.

10 — 공터에서 보경당 건물 상상하기

선정문을 통해 다시 나간 후 선정전과 희정당 사이로 올
라가면 왼쪽으론 선정전 뜰이, 오른쪽은 희정당이 나옵니
다. 어느 누구도 왼쪽으로는 가지 않습니다. 왜냐면 빈터
니까요. 하지만 이곳은 보경당 등 여러 건물들이 있었던
곳입니다. 궁궐 안에 이렇게 넓은 공터가 있다는 것은 일제
강점기를 거치며 건물이 사라졌다는 뜻이기도 합니다. 아마도 조금만 땅을 파보면 그
흔적을 찾을 수 있을 것입니다.

① **보경당** 상상하기 : 연산군 시절 장녹수가 거처하던 건물이며 영조 임금이 태어난 곳
② **요휘문**(耀빛날요 暉빛휘) : 밝게 빛난다는 뜻으로 대조전으로 향하는 문

11 — 희정당(보물 제815호)

공터를 뒤로하고 오른쪽 복도각을 지나면 임금님의 침전
인 희정당 뒤쪽이 나옵니다. 희정당은 앞쪽 행각에 자동
차 통행이 가능한 돌출 현관이 있습니다. 특히 1917년 화
재 후 일제가 경복궁 강녕전 건물을 헐어 이곳에 지었기
때문에 그 규모가 주변 건물에 비해 너무나 비대해진 듯
한 느낌마저 듭니다.

① **희정당**(熙빛날희 政정사정) : 화평하고 즐거운 정치라는 뜻으로 왕의 침전
② 내부의 서양식 가구들 : 근대 국가인 대한제국의 시대상을 보여준다.
③ 복도각 보기 : 각 건물은 복도각으로 연결되어 있었다.

12 — 대조전(보물 제816호)

희정당 내부를 답사한 후 바로 뒤 왕비의 처소인 대조전
으로 발길을 옮깁니다. 창덕궁의 지형상 계단이 매우 가
파릅니다. 이곳 대조전에서 조선의 마지막 임금이신 순종
황제께서 승하하셨습니다.

① **선평문**(宣베풀선 平평평할평) : 화평(和平)을 세상에 펼친다는 뜻으로 대조
전의 대문

② **대조전**(大클대 造지을조) : 큰 공업(功業)을 이룬다는 뜻으로 중궁전

③ **흥복헌**(興일으킬흥 福복복 軒집헌) : 복을 불러일으킨다는 뜻으로 1910년
8월 22일 한일병탄이 체결된 치욕의 장소이다.

④ **경극문**(慶경사경 極극진할극) : 경사스러움이 지극하다는 뜻으로 대조전 서
쪽 문

⑤ **앙부일구**(해시계) : 본문 144쪽 참조

⑥ 용마루 없는 대조전의 지붕 : 1917년 화재 후 경복궁의 교태전을 헐어 다
시 지은 건물. 용마루가 없으니 이곳이 임금 또는 중전마마의 침전임을 알
수 있다.

⑦ 화재 이전 대조전의 모습 상상하기

13 — 수라간

대조전의 서문을 통과하면 바로 근대식 시설이 들어선 주
방인 수라간이 나옵니다. 순종 대에는 서양 문물이 들어
올 때니 수라간도 이렇게 근대식으로 바뀐 거겠죠?

14 — 경훈각 주변

수라간을 지나 대조전 뒤쪽에는 대조전과 연결된 경훈각이 있습니다. 경훈각은 경복궁의
만경전 건물을 헐어 지은 건물입니다. 동궐도에는 이곳이 청기와 건물의 멋진 2층 건물이

었습니다. 또한 뒤쪽의 아름
다운 꽃과 계단이 있는 것으
로 보아 왕실 여인들의 공간
임을 알 수 있습니다.

① **경훈각**(景볕경 薰향풀훈 閣집각) : 일반 시문(詩文)에서 '춘화경명(春和景
明)'처럼 주로 '경광(景光), 즉 경치가 훈훈하다'는 뜻으로 창덕궁의 내전

② 원래 경훈각의 모습 상상하기

③ **함실 아궁이** 보기 : 아직도 남아 있는 그을음이 왠지 온기가 느껴진다. 궁
궐 안에는 나무를 때지 않고 최고급 숯으로 난방을 했다.

④ **작은 문 보기** : 이동식 변기인 매우통(또는 매화틀)을 옮길 수 있는 작은 문
을 볼 수 있다.

⑤ **청향각**(淸맑을청 香향기향) : 맑은 향기 또는 맑고 향기롭다는 뜻으로 대조
전의 보조 건물

⑥ 청향각 굴뚝의 토끼 문양 : 토끼는 달과 함께 여인을 상징한다.

⑦ **여춘문**(麗고울여 春봄춘) : 아름다운 봄이라는 뜻으로 대조전 영역의 남문

⑧ **동인문**(同한가지동 仁어질인) : 차별 없이 인애(仁愛)를 베풀어준다는 뜻으로 희정당의 동쪽 문

15 — 낙선재(보물 제1764호), 석복헌, 수강재 주변

여춘문을 통해 나오면 넓은 공터가 또 나오죠. 계속 걸으
세요. 화장실을 지나 계속 동쪽으로 걸으면 단청이 없는
건물인 낙선재, 석복헌, 수강재 등의 건물이 나옵니다. 이
곳은 1847년 헌종 임금이 후궁인 경빈 김씨를 맞이하며
지은 건물로 광복 후 조선왕조의 마지막 황실 사람들이
생을 마감했던 곳이기도 합니다.

① 장락문에서 보이는 멋진 구도 감상하기 : 그 모습 자체가 한 폭의 멋진 그
림이다.

② **장락문**(長길장 樂즐길락) : 길이 즐거움을 누린다는 뜻으로 낙선재 정문

③ **낙선재**(樂즐길락 善착할선 齋집재) : 선을 즐긴다는 뜻

④ 낙선재 누마루 아래 빙결 무늬 보기 : 깨진 얼음 무늬는 화재 예방의 의미가 담겨 있다.

⑤ 누마루의 보름달 모양의 문과 후원의 아름다운 화계 보기

⑥ **보소당**(寶보배보 蘇되살아날소) : 소식(蘇軾, 중국의 문인)을 보배로 삼는다는 뜻으로 낙선재 동쪽에 걸린 현판

⑦ **석복헌**(錫주석석 福복복) : 복을 내려 준다는 뜻으로 낙선재 동쪽의 사랑채 건물

⑧ **수강재**(壽목숨수 康편안강) : 오래 살고 건강하다는 뜻으로 석복헌 동쪽 건물

16 — 낙선재 북쪽의 건물들

낙선재를 답사하면 뒤 화계 위쪽으로 몇 채의 건물이 있
습니다. 관람이 제한된 곳이기 때문에 먼 발치에서 보는
것으로 만족해야 합니다.

① **상량정**(上윗상 凉서늘할량) : 시원한 곳에 오른다는 뜻

② **한정당**(閑한가할한 靜고요할정) : 한가하고 조용하다는 뜻

17 — 성정각과 중희당 터

낙선재에서 다시 왔던 길을 따라 걷다 보면 창덕궁의 동
궁인 성정각과 중희당 터를 볼 수 있습니다. 성정각은 세
자께서 학문을 익히는 곳이며 중희당은 세자가 생활을 하

는 곳입니다. 지금 중희당은 일제강점기를 거치며 모두 사라지고 부속 건물 몇 채만 남아 있습니다.

① **영현문**(迎맞을영 賢어질현) : 어진 이를 맞이한다는 뜻으로 성정각 남문

② **성정각** : 왕세자가 공부를 하던 곳

③ **보춘정**(報알릴보 春봄춘) : 봄이 옴을 알린다는 뜻으로 성정각 동쪽 남향에 붙은 현판

④ **희우루**(喜기쁠희 雨비우) : 가뭄 끝에 단비가 내려 기뻐한다는 뜻으로 성정각 동쪽 누각 동향에 붙은 현판

⑤ **내의원 흔적 찾기** : 이곳은 1920년대 내의원으로 쓰여 지금도 돌절구, 현판 등 흔적이 남아 있다.

⑥ **조화어약**(調고를조 和화할화 御거느릴어 藥약약) **현판 보기** : 임금이 드시는 약을 조제한다는 의미

⑦ **보호성궁**(保護聖躬) **현판 보기** : 임금의 몸을 보호한다는 뜻

⑧ **집희**(緝모을집 熙빛날희) : 계속하여 밝게 빛난다는 뜻이며 관물헌의 편액으로 고종 임금이 어릴 적 썼던 글씨이다.

⑨ **자시문**(資재물자 始비로소시) : 만물이 힘입어 비롯한다는 뜻으로 성정각 영역의 동문

⑩ **중희당의 위치 추정해 보기** : 현재는 삼삼와와 승화루만 남아 있다.

⑪ **중희당의 원래 모습**(동궐도)

⑫ **승화루**(承이을승 華빛날화) : 정화(精華)를 잇는다는 뜻

18 — 후원 가는 길

중희당을 상상해 보았다면 왼쪽으로 600년 된 나무를 한 번 바라보고 후원으로 넘어갑니다.

① **망춘문**(望바랄망 春봄춘) : 봄을 기다린다는 뜻으로 원래 동궁 영역에서 후원으로 들어가는 문

19 — 부용지 주변, 주합루(보물 제1769호)

후원 가는 길을 따라 언덕을 하나 넘으면 부용지라는 연못이 나옵니다. 연못 앞쪽에는 부용정이란 정자가 있고 동쪽에는 영화당, 서쪽에는 사정기비, 북쪽으로는 어수문이 있습니다. 어수문 뒤에는 주합루 건물이 웅장하게 있고, 양쪽으로 희우정, 서향각, 제월광풍관 등이 위치해 있죠. 주합루 주변의 건물들은 개방을 하지 않고 있어 가까이 가서 보지는 못합니다.

① 부용지와 둥근 섬을 보면서 하늘은 둥글고 땅은 네모라는 천지인 사상을 생각해 보기

② 더운 여름날 바지를 걷고 물속에 발을 담근 나그네의 형상인 **부용정**(芙연꽃부 蓉연꽃용 亭정자정)에서 주합루 바라보기

③ **물고기 조각** 보기 : 물고기와 물의 관계는 임금과 신하의 관계를 의미한다.

④ **사정기비**(四넉사 井우물정 記기록할기 碑비석비) : 네 개의 샘을 기념하기 위한 비석이라는 뜻으로 숙종의 글씨이다.

⑤ 얼마 전 새로 발굴된 **어정(우물)** 보기

⑥ **어수문**(魚물고기어 水물수)의 층계 : 구름은 땅과 하늘을 연결해 주는 매개체이다. '어수(魚水)'는 임금과 신하가 물과 물고기처럼 서로 긴밀히 의기투합한다는 뜻.

⑦ **주합루**(宙집주 合합할합 樓다락루) : 우주와 합일된다는 뜻으로 정조의 개혁 정치 산실인 규장각 건물

⑧ **서향각**(書글서 香향기향 閣집각) : 책의 향기라는 뜻으로 책에서 나는 고유의 냄새를 향기로 미화했다. 책을 보관하던 곳.

⑨ **희우정**(喜기쁠희 雨비우 후정자정) : 기쁜 비가 내렸다는 뜻으로 주합루 서쪽 작은 정자

⑩ **천석정**(千石亭) : 천 개의 돌을 뜻하며 주합루 동쪽의 정자

⑪ **영화당**(暎비칠영 花꽃화 堂집당) : 꽃과 어우러진다는 뜻으로 힘찬 영조 임금의 필치를 느낄 수 있다.

20 — 금호문과 의두합, 기오헌

부용지 주변의 건물을 감상하고 잠시 휴식을 취한 후 바로 큰 길을 따라가다 보면 오른쪽으로는 창경궁 후원 쪽으로 나가는 영춘문이, 왼쪽으로는 금호문이 나옵니다. 금호문을 지나면 의두합, 기오헌이란 작은 집 두 채를 볼 수 있는데, 이곳이 조선 후기 우리 무용을 집대성한 순조의 맏아들 효명세자가 독서를 하던 곳입니다.

① **영춘문**(永길영 春봄춘) : 영원한 봄이라는 뜻으로 창경궁으로 가는 문

② **금마문**(金쇠금 馬말마) : 쇠붙이로 만든 말이라는 뜻으로 기오헌으로 통하는 문

③ **기오헌**(寄부칠기 傲거만할오 軒집헌) : 거침없는 호방한 마음을 기탁한다는 뜻

④ 가파른 계단과 규장각 출입문 보기 : 할아버지 정조 임금의 개혁을 본받으려 노력했던 효명세자가 자주 이용했던 계단과 문

21 — 연경당

기오헌에서 조금만 더 들어가면 사대부 집의 형태인 연경당이 나옵니다. 이곳은 순조 때 지어졌으며, 지금의 건물은 고종 때인 1865년 무렵에 다시 지은 것으로 추정됩니다. 연경당은 남편이 사용하는 사랑채와 부인의 공간인

안채 그리고 서재인 선향재로 나뉩니다. 특히 낙엽이 쌓이는 가을날 풍경이 멋진 곳입니다.

① **장락문**(長길장 樂즐거울락) : 길이(오래도록) 즐거움을 누린다는 뜻으로 연경당 바깥 행랑채 대문

② **장양문**(長길장 陽볕양) : 길이 볕이 든다는 뜻으로 사랑채인 연경당의 출입문

③ **수인문**(修닦을수 仁어질인) : 인(仁)을 닦는다는 뜻으로 안채 출입문

④ **연경당**(演펼연 慶경사경) : 경사(慶事)가 널리 퍼진다는 뜻으로 사랑채

⑤ **안채** : 여인들의 공간

⑥ **선향재**(善착할선 香향기향 齋집재) : 좋은 향기가 서린 집이라는 뜻으로 차양 시설이 갖춰져 있는 중국풍 건물의 서재

⑦ **농수정**(濃질을농 繡수놓을수 亭정자정) : 짙은 빛을 수놓는다는 뜻으로 연경당 내 정자

⑧ **주변에 놓인 괴석들 보기** : 괴석은 형태가 기이한 돌을 말하는데 마치 산봉우리를 작게 옮겨 놓은 듯해 궁궐 여기저기에 장식용으로 많이 놓았다.

⑨ **사랑채와 안채를 연결하는 홍살문 형태의 샛문들 보기**

※ 기타 연경당 내 문 이름

• **우신문**(佑도울우 申거듭신) : 돕기를 거듭한다는 뜻으로 사랑채의 북문

• **통벽문**(通통할통 碧푸를벽) : 푸른 곳으로 통한다는 뜻으로 안채의 부엌으로 향하는 문

• **태일문**(太클태 一한일) : 도가적(道家的) 용어로 '우주 만물의 본원'이라는 뜻이며 사랑채 뒤로 가는 문

• **정추문**(正바를정 秋가을추) : 한창 무르익은 가을이라는 뜻으로 안채 동문에서 사랑채로 가는 문

• **소양문**(韶풍류이름소 陽볕양) : 밝고 아름다운 봄빛이라는 뜻으로 사랑채 동문

• **태정문**(兌곧을태 正바를정) : 곧고 바르다는 뜻으로 안채 서행각 가운데 문

• **소휴문**(紹이을소 休아름다울휴) : 아름다움을 이어받는다는 뜻으로 농수정 동문

22 — 애련지와 불로문

연경당을 나와 바로 왼쪽으로 돌면 애련지라는 연못과 작은 사모지붕의 정자인 애련정

이 나오고 그 옆으로 그 문을 통과하면 늙지 않는다는 불
로문이 나옵니다. 특히 불로문은 큰 바위를 통째로 깎아
만들었다고 합니다.

① **불로문**(不아닐불 老늙을로) : 늙지 않는다는 뜻으로 애련지로 통하는 돌문
② **애련정**(愛사랑애 蓮연꽃련) : 연꽃을 사랑한다는 뜻으로 애련지의 정자
③ **태액**(太클태 液진액) 찾기 : 애련정을 바라보고 바로 왼쪽 연못가에는 태액
　이라 새겨진 돌이 있는데, 이를 보아 이곳의 이름이 원래 '태액지'였을지도
　모른다. '태액'은 큰 물이라는 뜻.

23 — 관람지 주변

이제 더욱더 깊숙한 후원의 영역으로 우리는 들어갑니다.
불로문을 나와 왼쪽 나즈막한 언덕으로 가다 보면 한반도
모양의 연못 관람지가 나옵니다. 주변에는 관람정, 존덕
정, 승재정 그리고 폄우사 이렇게 네 개의 정자가 위치해

있습니다. 왠지 모를 고요함과 평온함을 느낄 수 있는 공간이 바로 관람지 주변입니다.

① 유일한 부채꼴 모양의 정자 **관람정**(觀볼관 纜닻줄람) : 닻줄을 바라본다는 뜻으로 뱃놀이를 구경하고자 하는 뜻
② **승재정**(勝이길승 在있을재) : 빼어난 경치가 있다는 뜻
③ **폄우사**(砭돌침폄 愚만날우 榭정자사) 앞 팔자걸음에 맞춘 화강암 보기 : 어리석은 자에게 돌침을 놓아 깨우쳐 경계
　한다는 뜻

④ 육모지붕의 정자 존덕정의 화려한 천장 감상과 정조 임금의 철학 느껴보기 : 천장에는 여의주를 희롱하는 황룡과 청룡의 그림이 있고 나무판에는 '만천명월주인옹자서(萬일만만 川내천 明밝을명 月달월 主임금주 人사람인 翁늙은이옹 自스스로자 序차례서)', 즉 당신 스스로가 수많은 개천에 비친 밝은 달이라 하여 정조 임금이 만백성을 고루 어루만진다는 통치 철학이 담겨져 있다.

24 ― 옥류천 주변

반도지 주변의 답사를 마치면 몸이 많이 무겁습니다. 그만큼 창덕궁과 후원을 모두 답사하는 일은 쉽지 않습니다. 기운을 내어 고개를 오르면 우리를 반기는 취규정이란 정자가 보입니다. 조금 더 길을 따라가면 갈림길이 나오는데 왼쪽으로 가면 청심정이 나오고 오른쪽으로 내려가면 옥류천과 주변 정자들이 나옵니다. 특히 옥류천 주변은 후원에서 가장 깊이 위치한 영역이기도 합니다.

① **취규정**(奎모을취 奎별규) : 별들이 규성(奎星)으로 모여든다는 뜻
② **청심정**의 돌거북 등에 새겨진 '빙옥지'란 글씨 보기
③ **빙옥지**(氷얼음빙 玉구슬옥 池못지) : 얼음과 옥이라는 뜻으로 맑고 깨끗하다는 의미
④ **취한정**(翠푸를취 寒찰한) : 푸르고 서늘하다는 뜻

⑤ **옥류천**(玉구슬옥 流흐를류 川내천) : 옥같이 맑게 흐르는 시냇물이라는 뜻으로 1670년 인조 임금이 직접 쓴 글씨이며, 훗날 숙종 임금이 그 위에 다음과 같은 시를 남겼다.

　　비류삼백척(飛流三百尺) ― 폭포수 삼백 척
　　요락구천래(遙落九天來) ― 저 멀리 하늘에서 떨어지네
　　간시백홍기(看是白虹起) ― 이를 보노라니 흰 무지개 일고
　　번성만학뢰(飜成萬壑雷) ― 그 소리 천둥 번개 치듯 온 골짜기에 퍼지네

⑥ 차디 찬 맑은 물이 샘솟는다는 **어정**(御井)과 **소요정**(逍노닐소 遙멀요) : '소요'란 구속 없이 천천히 노닌다는 뜻

⑦ **태극정**(太클태 極극진할극) : 태초의 혼돈(混沌)한 원기(元氣)를 의미

⑧ **청의정**(清맑을청 漪잔물결의) : 물이 맑다는 뜻으로 임금이 직접 농사를 지었다는 작은 논과 초가 정자

⑨ 부엌 시설이 있는 **농산정** 보기

25 ― 능허정과 다래나무

옥류천을 나와 이제 다시 남쪽인 돈화문 쪽으로 향하기 전 잠시 능허정을 들려야 합니다. 능허정은 300년 전에 지어진 아주 작고 소박한 정자입니다. 그리고 길을 따라 남쪽으로 내려가다 보면 나이가 많이 들어보이는 고목이 한 그루 눈에 들어옵니다. 650년 된 다래나무입니다. 그만큼 후원이 조선왕조의 역사를 그대로 간직하고 있다는 증거겠죠.

① **능허정**(凌업신여길능 虛빌허) : 허공에 오른다는 뜻

② 600년 동안 때 묻지 않은 후원의 맑은 공기 마시며 천천히 걷기

③ 650살의 **다래나무** 보기(천연기념물 제251호)

26 ― 신선원전

계속 길을 따라 내려가면 관람 허용 지역이 아닌 신선원전을 지나게 됩니다. 신선원전 주변에는 괘궁정과 몽답정이라는 정자가 있어요.

① 신선원전 상상하기

② 원래 신선원전 자리에는 명나라 황제에게 제를 지내는 대보단이 있었다
(동궐도).

③ 괘궁정(掛걸괘 弓활궁) : 활을 건다는 뜻

④ 몽답정(夢꿈몽 踏밟을답) : 꿈길을 밟다라는 뜻

27 — 향나무

신선원전을 지나 정문인 돈화문 쪽으로 내려오면 잘 보이지 않지만 요금문이라 불리는
작은 문이 있습니다. 요금문을 지나 더 남쪽으로 내려오면 700년 된 향나무가 여러분
을 기다립니다. 조선왕조의 역사를 모두 품에 안고 있는 듯합니다.

① 700살 된 **향나무**

② 동궐도에 묘사된 향나무

③ 원숭이 모양의 나무 보기

④ **요금문**(曜빛날요 金고귀할금) : 빛나고 고귀하다는 뜻

28 — 궐내각사와 선원전

이제 드디어 창덕궁의 마지막 영역입니다. 이곳
에는 규장각, 내의원 등의 관청이 모인 궐내각
사와 역대 임금의 어진을 모셨다는 선원전이 있
습니다. 내각이라 쓰여 있는 문을 통과한 후 규
장각 – 검서청 – 봉모당 – 책고 – 선원전 – 양
지당 – 약방 – 옥당순으로 답사합니다.

① **창덕궁 궐내각사** 모습(인정전 서쪽)

② **내각**(內안내 閣누각각) : 궁궐의 중앙 관서로 규장각의 별칭

③ **규장각**(奎별규 章글장 閣누각각) : 왕실의 도서관 기능을 하던 곳

④ **검서청**(檢검사할검 書글서) : 서적을 점검한다는 뜻으로 규장각 부속 건물

⑤ **운한문**(雲구름운 漢한수한) : 은하수라는 뜻으로 봉모당 출입문

⑥ **봉모당**(奉받들봉 謨꾀모) : 모훈(謨訓)의 자료를 받들어 간직한다는 뜻으로
선대왕의 유품을 관리하던 곳

⑦ **책고**(冊책책 庫집고) : 책을 보관하는 창고

⑧ **정숙문**(正바를정 肅엄숙할숙) : 바르고 엄숙하다는 뜻으로 선원전 서문

⑨ **연경문**(衍넓을연 慶경사경) : 길한 경사가 넘친다는 뜻으로 선원전 남문

⑩ **영휘문**(永길영 輝빛날휘) : 길이 빛난다는 뜻으로 선원전 북문

⑪ **보춘문**(報알릴보 春봄춘) : 봄을 알린다는 뜻으로 선원전 동문

⑫ **선원전**(璿구슬선 源근원원) : 왕족의 유구한 계보를 뜻하며 역대 임금의 어
진을 모시는 곳

⑬ **양지당**(養기를양 志뜻지) : 임금이 선원전에서 제사를 모시기 전에 머물렀
던 곳

⑭ **만수문**(萬일만만 壽목숨수) : 만년 동안 장수한다는 뜻으로 양지당 북문

⑮ **만안문**(萬일만만 安편안안) : 두루 편안하다는 뜻으로 양지당 동문

⑯ **만복문**(萬일만만 福복복) : 만 가지 복(온갖 복)이라는 뜻으로 양지당 남문

⑰ **억석루**(憶생각할억 昔예석 樓다락루) : 옛날을 생각한다는 뜻으로 내의원의 서재 기능을 한 부속 건물

⑱ **예문관**(藝재주예 文글월문 館집관) : 예문을 담당하는 관서

⑲ **약방**(藥약약 房방방) : 내의원이라고도 하며 왕실의 건강을 책임지는 관청

⑳ **옥당**(玉구슬옥 堂집당) : 옥같이 귀한 집이란 뜻으로 홍문관(임금의 자문기관)의 다른 말

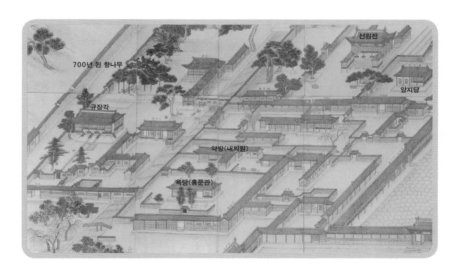

29 ― 금호문

옥당을 끝으로 실제 궐내 건물의 답사는 모두 끝이 났습니다. 이제 다시 금천교를 지나 오늘의 마지막 금호문으로 퇴궐하면 됩니다. 정말 긴 시간이었습니다. 여러분, 수고 많으셨습니다!

① 금호문(金쇠금 虎범호) : 금 호랑이라는 뜻으로 창덕궁의 서쪽 궁장문

3장

창경궁

창경궁은 엄밀히 말하면 창덕궁의 생활 공간으로 만들어졌습니다. 그래서 조선 전기에는 규모가 크지 않았으나 임진왜란 이후 창덕궁이 법궁이 되면서 그 규모와 기능이 많이 확대되었지요. 동궐도를 보면 창경궁의 규모를 알 수 있습니다. 창경궁은 일제강점기를 거치면서 창경원으로 전락했고 생명력을 거의 잃게 됩니다. 너무나 안타까운 역사가 아닐 수 없습니다.

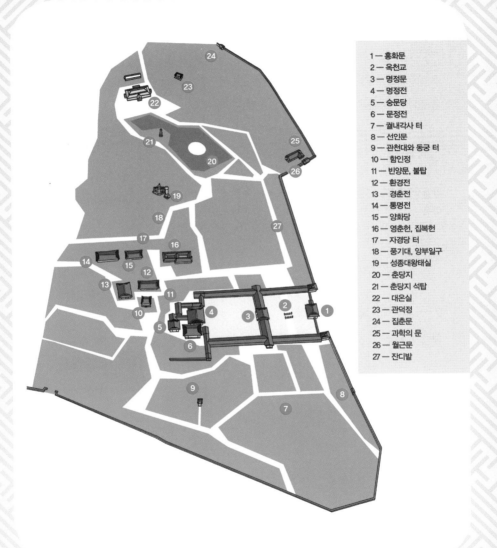

1 — 홍화문
2 — 옥천교
3 — 명정문
4 — 명정전
5 — 숭문당
6 — 문정전
7 — 궐내각사 터
8 — 선인문
9 — 관천대와 동궁 터
10 — 함인정
11 — 빈양문, 불탑
12 — 환경전
13 — 경춘전
14 — 통명전
15 — 양화당
16 — 영춘헌, 집복헌
17 — 자경당 터
18 — 풍기대, 앙부일구
19 — 성종대왕태실
20 — 춘당지
21 — 춘당지 석탑
22 — 대온실
23 — 관덕정
24 — 집춘문
25 — 과학의 문
26 — 월근문
27 — 잔디밭

1 — 홍화문(보물 제384호)

홍화문은 길 건너편에서 보아야 합니다. 원래 정문 앞에는 답도가 있고, 그 답도에서 살짝 떨어져 웅장한 정문을 봐야 하지만 홍화문 앞에는 도로가 놓여 있어 그 웅장함을 쉽게 볼 수가 없죠. 그래서 길 건너편에서 보는 것이 좋습니다. 또한 홍화문은 1616년 완공된 후 그 건물이 지금까지 그대로 유지되고 있으니, 현존하는 궁궐 정문 중 가장 오래된 문이기도 합니다.

① 홍화문(弘클홍 化될화) : 조화를 넓힌다는 뜻으로 100여 년 전 홍화문
② 홍화문 앞 상상하기 : 무거운 짐을 들고 홍화문 앞을 지나고 있는 소 한 마리의 모습과 창경궁이 제 것인 양 떳떳이 걷고 있는 일본 순사의 모습이 대조적이다.
③ 동궐도에 묘사된 홍화문

2 — 옥천교(보물 제386호)

창경궁 정문을 지나면 옥천교라는 금천교가 나옵니다. 성종 14년에 완공되었으니 무려 500년이 훨씬 넘은 돌다리입니다. 이 돌다리를 얼마나 많은 사람들이 지나다녔을까요? 또한 창경궁 금천은 현재 유일하게 자연수가 흐르는 금천이기도 합니다.

① 옥천교(玉옥옥 川내천 橋다리교) : 구슬 같은 명당수가 흐르는 천 위에 놓인 다리
② 옥천교 아래 흐르는 명당수와 다리 가운데 도깨비상 보기 : 임금을 해치려는 사악한 잡귀들이 내천을 따라 들어올까 늘 아래쪽을 향하고 있는 도깨비의 눈이 매섭다.

③ **숭지문**(崇높을숭 智슬기지) : 지혜를 숭상한다는 뜻으로 옥천교 남쪽의 행각 문

3 — 명정문

정전인 명정전으로 들어가는 문입니다. 창덕궁이나 경복궁의 경우에는 진선문, 홍례문을 지나 인정문이나 근정문이 나오는 것에 반해 그 규모가 상대적으로 작은 창경궁은 옥천교를 건너자마자 바로 명정문이 나옵니다. 이 문역시 임진왜란 후 1616년 중건되었을 때의 모습 그대로 유지되고 있는 건물입니다.

① **명정문**(明밝을명 政정사정) : 정사를 밝힌다는 뜻
② 명정문 계단 오르기 : 창경궁의 지형 특성상 계단이 높다.
③ 닳고 닳은 난간을 보면서 가능하면 밟지 않고 들어가기 : 이렇게 원형을 유지하고 있는 오래된 건물을 우리가 지켜야 하지 않을까?

4 — 명정전(국보 제226호)

명정문을 지나면 드디어 창경궁의 정전인 명정전입니다. 생활 공간이 많은 창경궁의 특성상 정전인 명정전의 규모는 매우 작습니다. 하지만 명정전 건물은 1616년 중건된 것으로 현존하는 가장 오래된 정전 건물입니다. '원래 건물이 이렇게 칙칙할까?'라고 생각할 수 있겠으나 그것은 단청이 모두 벗겨져 그런 것입니다. 원래는 다른 정전과 같이 매우 화려했겠죠? 이곳 명정전은 조선 제12대 임금인 인종이 왕위에 오른 곳이기도 합니다.

① **명정전**(明밝을명 政정사정) : 정사를 밝힌다는 뜻
② 일제에 의해 양쪽 박석이 없어지고 정원이 들어선 모습 상상하기

③ 400년 전 창호와 실내 바닥 전돌 보기 : 사람이 하나하나 정성을 들여 만들었다.

④ **광정문**(光빛광 政정사정) : 정치를 빛낸다는 뜻으로 명정전 북쪽 행각문

⑤ **영청문**(永길영 淸맑을청) : 오래도록 맑다는 뜻으로 명정전 남쪽 행각문

5 — 숭문당

명정전을 바라보면서 왼쪽으로 돌아나가면 숭문당이란
건물이 보입니다. 정전 건물 바로 뒤에 있는 건물이라면
상당히 화려해야 하는데 숭문당은 참 검소해 보입니다.
숭문당은 유교를 숭상한다는 뜻입니다. 이 건물은 화재로
소실된 후 1830년경 다시 중건된 건물입니다.

① **숭문당**(崇높을숭 文글월문) : 학문을 숭상한다는 뜻

② 앞쪽 돌다리 보기 : 누각 형태의 앞쪽을 보면 이 건물 역시 지형을 최대한 살려 건축되었다.

6 — 문정전

문정전은 창경궁의 편전이죠. 즉 임금님의 사무 공간입니
다. 역사적으로 영조가 아들인 사도세자를 뒤주에 가둬
죽인 곳이기도 합니다. 이곳 문정전은 일제강점기에 헐려
없어졌는데 1980년대에 다시 복원한 건물입니다. 그리고

원래 문정전 앞쪽으론 창덕궁의 선정전처럼 복도각이 설치되어 있었습니다. 이왕 복원할 것이라면 완벽하게 했으면 하는 아쉬움이 남습니다.

① 문정전(文글월문 政정사정) : 문교(文敎)로써 정치를 편다는 뜻

② 문정전 앞뜰의 잔디밭 보기 : 잔디밭 위의 주춧돌은 이곳에 문정전의 보조 건물들이 있었다는 것을 말해 준다. 이곳은 사도세자가 뒤주에 갇혀 생을 마감한 곳이기도 하다.

7 — 궐내각사 터

문정전의 정문인 문정문을 통해 나오면 바로 신하들의 공간인 궐내각사가 있었습니다. 물론 이쪽 궐내각사 건물들은 일제강점기에 모두 사라지고 일본 사람들은 그 터에 동물들의 축사를 짓습니다. 지금은 축사도 다 사라지고 이렇게 넓은 터에 잔디와 나무들만 무성히 자라고 있습니다.

① 궐내각사 상상하기 : 글자 금형을 만드는 주자소, 자격루를 관리하던 금루서원방을 비롯해 오위도총부 등 많은 관청들이 이곳에 위치해 있었다.

② 창경궁의 원형을 알 수 있는 궐내각사(동궐도)

8 — 선인문

궐내각사 터 인근에 외부로 통하는 문이 있다는 것은 이곳으로 신하들이 다녔다는 것을 의미합니다. 지금이야 굳게 닫혀 있는 문이지만, 100년 전 이곳은 나랏일을 돌

보는 많은 이들이 수없이 드나들었던 곳입니다.

① **선인문**(宣베풀선 仁어질인) : 어짊을 널리 펼친다는 뜻

9 — 관천대와 동궁 터

선인문을 보면서 담을 따라 계속 돌아 동쪽으로 가다 보면 관천대가 나옵니다. 관천대는 혼천의 등 천문 기구를 올려놓고 별을 관찰하던 곳입니다. 이곳에는 관천대 이외에도 많은 과학 기구들이 있었다고 합니다. 물론 지금은 모두 사라지고 관천대만 남아 있습니다.

10 — 함인정

관천대를 지나 동북쪽으로 길을 따라 걷다 보면 함인정이 나옵니다. 1633년 건립된 함인정은 주변이 담으로 둘러싸여 있었습니다. 그런데 일제강점기를 거치면서 모두 사라졌고 지금은 함인정만 외로이 남아 있습니다. 함인정 앞에는 넓은 뜰이 있습니다. 궁궐 한 중심에 이런 뜰이 있다는 것은 이곳이 과거시험 등의 행사를 행한 장소라는 것을 말해 줍니다. 또한 함인정 내부 천장에는 사계절을 상징하는 현판이 걸려 있습니다.

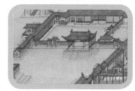

① **함인정**(涵젖을함 仁어질인) : 인(仁)에 흠뻑 젖는다는 뜻
② 원래 함인정 주변에는 담이 있었다(동궐도)

③ 함인정 천장에 있는 현판 보기

— 춘수만사택(春水滿四澤) : 봄에는 연못에 가득 찬 물

— 하운다기봉(夏雲多奇峯) : 여름에는 산봉우리에 걸린 기이한 구름

— 추월양명휘(秋月揚明輝) : 가을에는 밝게 빛나는 달

— 동령수고송(冬嶺秀孤松) : 겨울에는 소나무가 외로이 서 있는 고갯마루

11 — 빈양문과 불탑

함인정을 답사한 후 바로 오른쪽으로 눈길을 돌리면 빈양 문이 나옵니다. 빈양문은 내전에서 정전인 명정전으로 들 어가는 복도각의 문입니다. 문에서 바라보는 복도각의 구 조가 매우 짜임새 있고 아름답습니다. 이런 빈양문을 바 라보고 왼쪽, 즉 창경궁 북쪽으로는 넓은 잔디밭 위에 불 탑이 하나 서 있습니다. 숭유억불정책의 조선왕조 궁궐 안에 불탑이 있을 리 만무한데, 일제강점기에 이곳으로 옮겨온 것이 아직도 이렇게 있답니다. 빨리 제자리로 옮 겼으면 좋겠습니다.

① 빈양문(賓손빈 陽볕양) : 밝음을 공경히 맞이한다는 뜻

② 불탑을 보면서 창경원의 아픈 역사 생각하기 : 유교를 국교로 삼은 조선 왕실의 공간에 불탑이 있었을 리 만무하 다. 이는 일제강점기에 창경원이 되면서 옮겨진 것이다.

12 — 환경전

불탑을 지나 북쪽으로 시선을 돌리면 큼지막한 건물이 나 옵니다. 환경전입니다. 환경전 역시 수많은 전각으로 둘러 싸여 있었으나 지금은 이렇게 혼자 외로이 있습니다.

① **환경전**(歡기쁠환 慶경사경) : 기쁘고 경사스럽다는 뜻
② 환경전 주변의 행각들과 수많은 전각 상상하기(동궐도)

13 — 경춘전

환경전 바로 옆에 위치한 경춘전은 성종 임금의 어머니인
인수대비 한씨와 정조 임금의 어머니 혜경궁 홍씨가 생을
마감한 곳입니다. 주로 대비전으로 사용된 건물이죠.

① **경춘전**(景볕경 春봄춘) : 햇볕 따뜻한 봄이라는 뜻(동궐도)
② 이곳에서 생사를 함께한 역사적 인물 떠올려보기 : 정조 임금과 헌종 임금
　이 태어난 곳이며, 인수대비, 혜경궁 홍씨 등이 돌아가신 곳이다.

14 — 통명전(보물 제818호)

환경전을 본 뒤에는 바로 북쪽 잔디밭 건너편에 있는 통
명전으로 가봅니다. 통명전은 창경궁 내에 가장 깊숙한
곳이며 으뜸인 건물입니다. 그것은 통명전 옆 연못과 월
대에서 알 수 있죠. 통명전은 창경궁에서 유일하게 드므
를 볼 수 있는 곳이기도 합니다.

① **통명전**(通통할통 明밝을명) : 통달하여 밝다는 뜻
② **드므와 월대** : 화재 예방을 위한 드므와 행사를 행했던 월대가 있다는 것은
　통명전이 왕실의 중요한 분들이 사용했던 곳임을 말해 준다.
③ **용마루 없는 지붕** : 궁궐 내 침전에는 용마루가 없다.

④ 통명전 뒤뜰 우물 뒤에 쓰여 있는 **열천**(冽차가울열 泉샘천) 보기 : 차디찬
　물이 나오는 샘이란 뜻

⑤ 통명전과 연못의 조화

15 — 양화당

통명전을 지나 동쪽으로 양화당이 보입니다. 양화당 역시
경춘전, 통명전 등과 함께 왕실 가족의 생활 공간으로 사
용된 건물입니다.

① **양화당**(養기를양 和화활화) : 조화로움을 기른다는 뜻

② 양화당 뒤쪽 **화계** 보기 : 내전 공간답게 아름다운 화계가 조성되어 있다.

16 — 영춘헌과 집복헌

영춘헌과 집복헌은 때로는 후궁의 생활 공간으로 사용된
건물입니다. 일제강점기에 헐린 후 최근 복원된 건물로
다양한 왕실 체험 프로그램이 진행되는 곳이기도 합니다.

① **영춘헌**(迎맞을영 春봄춘 軒집헌)과 **집복헌**(集모일집 福복복 軒집헌) : 봄을 맞
　는다, 복이 모인다는 뜻

② 네모 구조의 궁궐 건물 살피기 : 영춘헌은 좌우 양쪽과 뒤쪽이 행각으로
　연결된 ㅁ자 형태이고 서쪽의 행각을 집복헌이라 부른다.

17 — 자경당 자리에 들어선 일본식 건물

영춘헌과 영화당 사이 계단 위에는 대비전인 자경당이 있었습니다. 그러나 일제강점기에 헐리면서 이곳에는 장서각이란 일본 건물이 세워졌어요. 물론 지금은 사라져 빈터로 남아 있습니다.

① **자경당 터**(층계 위에 위치해 있었다)
② 일제강점기 시대의 일본 건물 상상해 보기
③ 자경당 터에서 창경궁 내려다보기 : 지금의 서울대병원 쪽에 있었던 사도세자의 사당이 보이도록 창경궁 내 제일 높은 곳에 정조는 어머니 혜경궁 홍씨를 위해 자경당을 지었다.

18 — 풍기대와 앙부일구

계단을 오른 뒤 오른쪽으로 길을 따라가면 바로 풍기대와 앙부일구가 나옵니다. 풍기대는 바람의 방향과 세기를 측정하는 기구이고, 앙부일구는 태양의 그림자로 시간과 절기를 알 수 있는 해시계입니다.

19 — 성종대왕태실

태실은 탯줄을 보관하는 곳이에요. 예로부터 임금의 태는 좋은 터에 정성스레 묻고 그곳에 태실비를 세워 성스럽게 관리했습니다. 성종대왕의 태실은 원래 경기도 광

주군에 있었으나 일제강점기에 이 자리로 옮겨졌다고 합니다.

① **성종대왕태실**(成宗大王胎室) : 성종대왕의 태를 모신 곳

20 ─ 춘당지

성종대왕태실을 지나 내리막길을 내려오면 넓은 연못이
나옵니다. 원래는 내농포라 하여 왕이 직접 농사를 지어
농정을 살피는 곳이었으나, 일제강점기에 내농포들을 모
두 합쳐 이렇게 넓은 저수지를 만들었고 이곳은 창경원이
란 유원지가 되어버립니다.

① **춘당지**(春봄춘 塘모일당 池연못지) : 봄이 모인다는 뜻
② 원래의 **내농포** 상상하기 : 동궐도에서 보여지는 이곳은 많은 작은 논들이
　있던 곳이다.

21 ─ 춘당지의 석탑

1470년 명나라에서 만들어진 중국 석탑으로 일제강점기
에 만주에서 들여온 것으로 알려져 있습니다.

22 ─ 대온실

춘당지를 시계방향으로 돌면
북서쪽에 온실이 나옵니다.
창경원이 만들어지면서 지어
진 이 온실은 우리나라 최초

의 온실이기도 합니다.

① 우리나라 최초의 온실

② 온실 정문의 오얏꽃 무늬 보기 : 대한제국의 상징이면서 망국의 굴욕적 상징이기도 한 오얏꽃 무늬가 이 건물의
  역사를 말해 준다.

23 ─ 관덕정

대온실에서 조금만 북쪽 언덕으로 오르면 작은 정자 하나
가 숲속에 숨어 있습니다. 보통 이곳까지는 사람들이 잘
다니질 않습니다. 그래서 매우 한적한 곳입니다. 관덕정
은 활을 쏘는 장소이면서 단풍이 물든 가을 풍경이 너무
아름다워 가끔 임금들께서 시를 읊었던 곳으로 전해집니다.

① **관덕정(觀경치관 德인품덕)** : 덕이 보인다라는 뜻
② 관덕정에서 잠시 쉬어가기 : 특히 가을 풍경이 아름다운 곳이다.

24 ─ 집춘문

관덕정까지가 보통 답사 코스지만 조금만 욕심을 내어 산
위로 오르면 작은 문 하나가 보입니다. 바로 창경궁에서
성균관으로 연결된 후문인 집춘문입니다.

① **집춘문(集모을집 春봄춘)** : 봄의 기운을 모은다는 뜻

25 ─ 과학의 문

집춘문에서 산길을 따라 내려오면 국립과학관으로 통하
는 과학의 문이 있습니다. 원래 창경궁의 문은 아니고, 창

경궁과 과학관의 관람객 편의를 위해 만든 문입니다.

26 — 월근문

과학의 문에서 길을 따라 다시 남쪽으로 내려가면
창경궁 관리사무소가 나옵니다. 관리사무소 정문이
바로 월근문입니다. 지금의 서울대학병원 자리에는
정조의 아버지인 사도세자의 사당(경모궁)이 있었
는데 이곳을 참배하기 위해 정조가 다녔다는 문이
바로 월근문입니다.

① 월근문(月달월 覲뵐근) : 매달 뵙는다는 뜻
② 정조3년 10월 10일 승정원일기에 나오는 "이 문을 거쳐서 혹 한
   달에 한 번은 전배하여 어린아이가 어버이를 그리워하는 것 같은
   내 슬픔을 풀 것이다"의 내용을 생각하며 정조의 효심을 느껴보자.

27 — 넓은 잔디밭

자, 이제 발걸음을 정문인 홍화문 쪽으로 돌립니다.
그런데 가는 도중에 아주 넓은 잔디밭이 보일 거예
요. 궁궐 내 잔디밭이 있다는 것은 그곳에 건물이
있었다는 것, 즉 수많은 내전 전각들이 있었다는
의미입니다. 비록 지금은 다 헐리고 없지만 수많은
전각을 상상해 보세요.

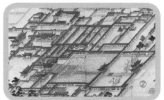

① 잔디밭으로 변한 내전 영역
② 수많은 전각들 상상하기(동궐도)

4장

경희궁

경희궁은 조선 후기의 이궁으로, 특히 영조는 치세의 절반을 이곳에서 보냈습니다. 경희궁은 숭정전, 자정전, 융복전, 회상전 등 100여 동의 크고 작은 건물이 있는 큰 규모의 궁궐이었으나, 일제강점기에 대부분의 궁궐 건물이 헐려나갔고 그 면적도 축소되어 궁궐의 모습을 잃게 되었습니다. 궁궐이라고 하기에는 무색할 만큼 경희궁은 망가지고 상처입은 궁궐입니다.

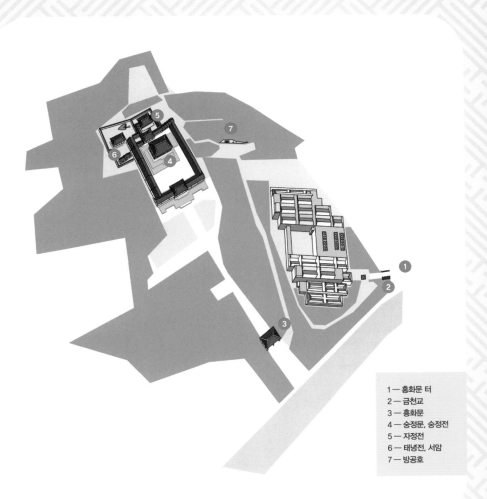

1 — 흥화문 터
2 — 금천교
3 — 흥화문
4 — 숭정문, 숭정전
5 — 자정전
6 — 태녕전, 서암
7 — 방공호

1 — 흥화문 터

경희궁을 가기 위해서는 광화문 사거리에서 시작합니다. 광화문 사거리에서 서대문 방향으로 조금만 걷다 보면 구세군회관 한쪽 구석에 작은 표석을 발견할 수 있는데, 이 표석만이 이곳에 흥화문이 있었다는 것을 알려주고 있습니다. 참 쓸쓸합니다.

① **흥화문 표석 찾기**
② 원래 흥화문의 모습 상상하기

2 — 금천교

흥화문 터 표석을 지나면 여느 궁궐처럼 경희궁의 금천교를 볼 수 있습니다. 물론 금천은 흐르지 않아요. 어느 누구도 이곳이 경희궁의 금천교인지 알지 못합니다.

① **금천교** 서수의 색깔 비교 : 원래 금천교 유구와 얼마 전 복원한 금천교의 돌 색깔이 매우 대조적이다.
② 금천교를 지나 뒤를 돌아본 후 흥화문 상상하기

3 — 흥화문

금천교를 지나 대로변을 따라 걷다 서울시립미술관 쪽으로 방향을 바꾸면 바로 흥화문이 나옵니다. 원래는 아까 본 구세군회관 자리에 있어야 할 흥화문이지만 이렇게 원

래 자리를 잃고 엉뚱한 곳에 세워져 있습니다.

① 흥화문(興일으킬흥 化될화) : 교화를 북돋운다는 뜻
② 유난히 길게 뻗은 흥화문의 처마선 보기

4 — 숭정문과 숭정전

흥화문을 지나 계속 걷다 보면 넓은 공터에 경희궁의 정
전인 숭정문과 숭정전이 눈에 들어옵니다. 모두 얼마 전
복원된 건물입니다.

① 숭정전(崇높을숭 政정사정) : 정사를 드높인다는 뜻
② 숭정전 옛 기단과 답도 찾아보기 : 모두 새로 복원된 것이나 중간중간 원
　　래의 숭정전 기단과 답도를 찾을 수 있다.
③ 숭정전의 행각 보기 : 지형에 맞춰 층을 이룬 행각이 단층인 숭정전을 웅
　　장하게 만든다.

5 — 자정전

숭정전을 돌아 급경사의 계
단을 오르면 편전인 자정전
이 나옵니다. 자정전은 경복
궁의 사정전, 창덕궁의 선정
전, 창경궁의 문정전과 같은 편전
건물로 임금님의 사무 공간이었습니다.

① 자정전(資도울자 政정사정) : 정사를 돕는다는 뜻
② 자정전 계단 옆 박석 보기 : 기계로 자른 박석의 모습이 매우 어색하다.

③ 자정전 전돌 보기 : 자정전 터 발굴 당시 발견된 원래의 전돌

6 — 태녕전과 서암

자정전을 바라보며 왼쪽으로는 영조 임금의 어진을 봉안했던 태녕전과 서암이 있습니다. 불행하게도 경희궁의 마지막 답사 코스입니다. 서암은 왕암으로 불렸는데, 이곳에 임금의 기운이 있다는 설의 근거가 된 곳입니다.

① 태녕전 뒤 서암 보기

② 태녕전(泰클태 寧편안할녕) : 형통하고 평안하다는 뜻

③ 한석봉 글씨 보기 : 태녕전 편액의 글씨는 복원할 때 한석봉의 글씨를 조합했다고 한다.

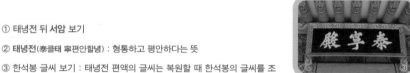

7 — 방공호

태녕전까지 답사한 후 다시 숭정전을 통해 내려오면 경희궁 답사는 끝났다고 생각할 수 있겠으나 한 군데 더 살펴봐야 할 곳이 있어요. 바로 방공호입니다. 2차세계대전을 맞아 최후까지 발악하던 일제는 경희궁 숭정전 북동쪽에 거대한 방공호를 만들었습니다. 너무나 안타까운 우리의 상처입니다.

경희궁의 정전 숭정전 내부

5장

덕수궁

덕수궁은 임진왜란 때 피란에서 돌아온 선조가 임시로 생활하면서 역사가 시작되었습니다. 그 뒤 창경궁과 창덕궁, 경희궁이 다시 세워지면서 덕수궁은 옛 임금이 머물렀던 문화재처럼 보존됩니다. 덕수궁은 1897년 대한제국 시대에 들어 황제의 궁궐이 되었으나, 국권을 잃은 이후 초라한 규모의 궁궐이 되어버렸죠. 덕수궁은 근대화의 상징으로 대한제국의 역사가 고스란히 담겨 있는 궁궐입니다.

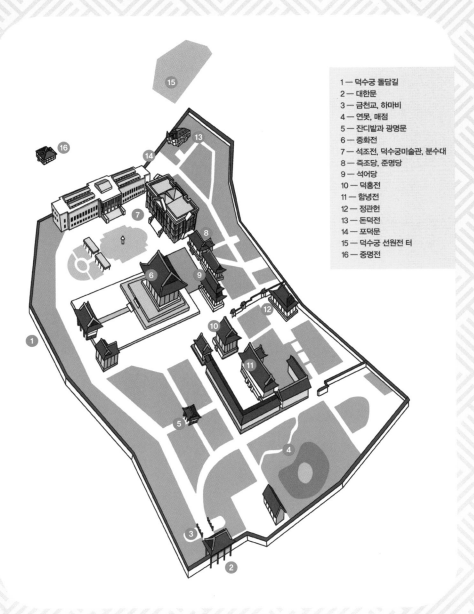

1 — 덕수궁 돌담길
2 — 대한문
3 — 금천교, 하마비
4 — 연못, 매점
5 — 잔디밭과 광명문
6 — 중화전
7 — 석조전, 덕수궁미술관, 분수대
8 — 즉조당, 준명당
9 — 석어당
10 — 덕홍전
11 — 함녕전
12 — 정관헌
13 — 돈덕전
14 — 포덕문
15 — 덕수궁 선원전 터
16 — 중명전

1 — 덕수궁 돌담길 그리고 인화문

덕수궁 돌담길은 어르신들 세대에겐 데이트 추억이 있는 장소입니다. 하지만 우리에겐 단순히 그런 장소가 되면 안 되겠죠. 바로 이곳에 덕수궁의 정문인 인화문이 있었기 때문입니다. 경복궁에 광화문이, 창덕궁에 돈화문이, 창경궁엔 홍화문, 그리고 경희궁엔 흥화문이 있듯 덕수궁에는 인화문이 있었습니다. 그러나 동쪽으로 대로가 나면서 자연스레 그 기능이 사라진 문이 되었지요.

① 덕수궁 돌담길
② 원래 덕수궁의 정문이었던 인화문은 일제강점기에 헐렸다.

2 — 대한문

대한문은 원래 덕수궁의 동쪽 문이었으나 대로가 생기면서 정문 역할을 합니다. 원래 대한문의 위치는 지금보다 33미터 앞에 위치했으나 도로가 나면서 이곳까지 물러났다고 합니다.

① 대한문(大클대 漢한수한) : 한양이 창대해진다는 뜻
② 대한문 앞 서울광장 보기 : 1910년대까지만 해도 덕수궁 영역이었으며, 각종 관청이 들어선 궐내각사였다.

3 — 금천교와 하마비

덕수궁 역시 정문을 지나면 금천교가 나오죠. 이 금천교는 오래전에 연못 같은 구조가 되어버렸습니다. 금천교를 지나기 전에 잠시 왼쪽을 보면 '하마비'라고 쓰인 비석이 보입니다. 말에서 내려야 한다는 표시인 하마비가 궁궐 안에 있을 리 없으니 이곳이 제자리가 아님이 분명합니다.

① 하마비(下아래하 馬말마 碑비석비) : 누구든 말에서 내려야 한다는 뜻

4 — 연못과 매점

금천교를 건너 바로 오른쪽을 보면 작은 연못과 매점이 있습니다. 어릴 적 미술대회에 참석해 이곳에서 그림을 그렸던 기억이 나네요. 원래 이곳은 영화당이란 건물이 있던 터였다고 합니다.

5 — 잔디밭과 광명문

연못을 한 바퀴 돌고 금천교로 가다 오른쪽으로 보면 아주 넓은 잔디밭과 광명문이라 적혀 있는 문 하나가 덩그러니 놓여 있습니다. 광명문은 원래 함녕전의 정문이었습니다. 불행히도 문 주변의 담은 없고 이렇게 문만 남아 있네요. 심지어 이곳 광명문은 얼마전까지 엉뚱한 곳에 세워져 야외 전시장으로 사용되기도 했습니다.

① 광명문(光빛광 明밝을명) : 밝은 빛 또는 밝게 빛난다는 뜻으로 잔디밭에 덩그러니 광명문만 있다.
② 원래는 담이 있었으나 지금은 모두 사라지고 말았다.

③ 함녕전의 정문이었던 광명문으로 고종 황제의 대여(상여)가 나가고 있다.

④ 한때 야외 전시장으로 사용되었던 광명문 상상하기

6 ─ 중화전(보물 제819호)

광명문 옆으로는 덕수궁의 정전인 중화전이 나옵니다. 중
화전의 정문은 중화문인데 사실 중화문을 이용하는 관람
객은 거의 없죠. 왜냐면 중화전을 둘러싼 회랑들이 모두
사라져 이렇게 문과 건물만 덩그러니 있기 때문입니다.
어쨌든 이곳 중화전은 황제의 위엄을 보이는 황궁의 정전
이었습니다.

① 중화전(中가운데중 和화할화) : 한쪽으로 치우치지 않는 바른 성정(性情)이
   라는 뜻. 원래는 2층 형태의 정전이었으나 화재 후 단층이 됐다.

② 중화전 향로 받침 보기 : 맨 아래 네모는 땅을, 중간의 팔각은 사람 그리고
   동그라미는 하늘을 의미해 천지인, 우주를 뜻한다.

③ 답도 보기 : 다른 곳이 봉황 조각인 것에 비해 이곳은 쌍룡이 조각되어 황
   제의 궁임을 알게 해준다.

④ 기단의 총탄 자국들 : 한국전쟁의 참옥함을 느끼게 해준다.

⑤ 팔 잘린 중화문 : 원래 정전은 주변에 행각이 있어야 하나 중화문은 문만 덩그
   러니 남아 있다.

⑥ 원래의 중화문과 행각들

7 — 석조전, 덕수궁미술관, 분수대

중화전 옆으로는 덕수궁미술관과 석조전이 있습니다.
왠지 우리나라 궁궐 건물 같지 않죠? 석조전은 1900년
~1910년에 걸쳐 지어진 서양식 석조 건물이며, 근대화된
대한제국을 상징하기도 합니다.

① 분수대 물개상 보기 : 원래 이곳에는 장수를 상징하는 거북상이 있었다.
그 뒤 일본인들은 거북상을 없애고 이곳에 물개를 키웠으며 언제부턴가 물
개상이 들어섰다.

② 석조전의 오얏꽃 조각 보기 : 이왕가로 추락한 조선 왕실의 시대상을 보여
준다.

③ 석조전 앞 해시계 보기

④ 덕수궁미술관 전경

8 — 즉조당, 준명당

미술관과 석조전을 지나면 복도각으로 연결된 준명당과 즉
조당이 나옵니다. 이곳은 때로는 고종의 편전으로 때로는
왕실 가족의 생활 공간으로 사용되었던 곳입니다.

① 즉조당(卽곧즉 阼보위조) : '즉조(卽阼)'는 '즉위(卽位)'와 같은 말로, 인조가
이곳에서 즉위하였다고 해서 붙인 이름이다.

② 준명당(浚준걸준 明밝을명) : 다스려 밝힌다 또는 다스리는 이치가 맑고 밝
다는 뜻으로 '준(浚)'은 '다스린다'는 의미로 쓰였다.

③ 복도각 보기 : 옛날에는 이렇게 모든 건물들이 복도각으로 연결되었다.

④ 준명당 아궁이 보기 : 검둥이 묻어 있는 아궁이는 얼마 전까지 사람이 살았
던 궁궐임을 말해 준다.

9 — 석어당

준명당, 즉조당을 지나면 단청을 칠하지 않은 2층 건물이 보이죠? 바로 석어당입니다. 임진왜란 때 피란을 마치고 돌아온 선조가 생활했던 건물로 고종이 그대로 보존하려 했지만 1904년 화재로 소실되어 바로 다시 지었다고 합니다.

① **석어당**(昔예석 御거느릴어) : 옛날 임금이 머물렀다는 뜻
② **두 개의 편액 보기** : 위층 처마 밑과 아래층 대청의 빗살교창 위 모두 고종 황제의 어필이다.
③ **공포**(처마 끝의 무게를 받치는 나무)**와 처마선 보기** : 단청이 없는 건물이기에 한옥의 아름다움을 한껏 느낄 수 있다.

10 — 덕홍전

석어당을 오른쪽으로 돌아 층계로 내려오면 아치형 벽돌문인 유현문과 용덕문, 석류문을 지납니다. 그리고 이 문 중 하나를 지나면 덕수궁의 편전인 덕홍전이 나옵니다. 고종 황제는 이곳에서 손님들을 맞이했다고 합니다. 덕홍전은 1911년에 건립되었으니 벌써 100년이 넘었네요.

① **유현문**(惟오직유 賢어질현) : 오직 어진 이가 출입하는 문이란 뜻
② **용덕문**(龍용용 德덕덕) : 성인(聖人)의 덕 또는 제왕의 덕이라는 뜻
③ **석류문**(錫주석석 類무리류) : 선을 내려준다는 뜻으로 '석(錫)'은 '준다', '유(類)'는 '선(善)'을 뜻한다.
④ **덕홍전**(德덕덕 弘클홍) : 덕이 넓고 크다는 뜻
⑤ **내부 전등과 금빛 봉황 조각 보기** : 근대 국가인 대한제국의 궁궐 건물답게 내부도 많은 치장이 되어 있다.

11 — 함녕전(보물 제820호)

덕홍전 바로 옆에는 고종 황제의 침전인 함녕전이 있습니다. 함녕전은 1904년 덕수궁에 대형 화재가 났을 때 불길이 시작된 곳이기도 합니다.

① **함녕전**(咸다함 寧편안할녕) : 모두가 평안하다는 뜻

② 옆쪽 합각 보기 : 합각의 문양은 주로 침전에 새겨져 있다.

③ 초석 홈 보기 : 측면과 뒷면의 네모 뿔대 초석에 있는 홈은 이곳에 복도각이 있었다는 증거이다.

④ 함녕전 뒤 화계 보기 : 경복궁이나 창덕궁에 비해 소박하다.

⑤ 고종 황제가 영면한 침실 보기 : 동쪽 온돌방을 보면서 고종 황제를 느껴보자.

12 — 정관헌

함녕전과 덕홍전 사이 층계로 오르면 덕수궁의 후원 격인 정관헌이 나옵니다. 1900년대 건립된 서양식 건물인 정관헌에서 고종 황제는 커피를 즐겨 마셨다고 합니다.

① **정관헌**(靜고요할정 觀볼관 軒집헌) : 고요한 풍경을 보다라는 뜻

② 난간 동자기둥 위의 코린트 양식 : 꽃병과 박쥐, 구름 등이 새겨져 있고 화려한 채색까지 되어 있다.

③ 커피 향과 음악 소리 상상하기 : 주인은 떠났지만 그분이 마시던 커피 향과 그분이 듣던 음악 소리를 상상해 보자.

13 — 돈덕전

정관헌 뒤쪽으로는 대한제국 시기 고종 황제가 외국의 주
요 손님들을 맞이하고 연회를 베풀었던 돈덕전이 보입니
다. 돈덕전은 조선왕조가 아닌 근대 국가 대한제국의 품
격을 한껏 느낄 수 있는, 우리에게는 다소 이국적인 장소
입니다.

① **돈덕전**(惇힘쓸돈 德덕덕) : 덕을 쌓는 일에 힘쓴다는 뜻
② 돈덕전의 고종 황제 상상해 보기

14 — 포덕문

돈덕전 답사 후 남쪽으로 다시 내려오면 포덕문이 나옵
니다. 포덕문을 나오면 사실 덕수궁 영역의 답사는 거의
마무리가 됩니다. 걷는 길 오른편 궐담 밖으로 영국대사
관이 보이죠. 당시 이곳 정동에는 많은 외국 대사관들이
있었다고 합니다.

① **창신문**(彰드러날창 信믿을신) : 믿음을 드러낸다는 뜻
② **포덕문**(布베풀포 德덕덕) : 은덕을 널리 베푼다는 뜻

15 — 덕수궁 선원전 터

포덕문을 나와 북쪽 언덕을 걷다 보면 오른쪽으로는 돈덕전이 보이고 언덕을 내려와
왼쪽을 보면 역대 임금의 초상화, 즉 어진을 모셔둔 선원전 터가 나옵니다. 다행히 발
굴 조사를 마치고 곧 장엄한 선원전이 복원될 예정입니다. 이렇듯 건물은 없지만 알면

보이고 보이면 느낄 수 있는 것이 궁궐 답사입니다.

16 — 중명전

선원전 터를 뒤로하고 오던 길로 돌아가면 왼쪽으로 돈
덕전 포덕문이 나옵니다. 포덕문을 지나 내려가 예원학
교 방향으로 걷다 보면 정동극장 뒤쪽으로 중명전이란 서
양식 건물이 있습니다. 덕수궁이 얼마나 큰지 그 규모를
짐작할 수 있습니다. 이곳 중명전은 우리 민족의 치욕인
1905년 을사늑약이 체결된 비극의 장소입니다.

① **중명전(重무거울중 名이름명)** : 광명이 계속 이어져 그치지 않는다 또는 해
　와 달이라는 뜻

② 1905년 을사늑약 체결 현장인 중명전

쏭내관의 재미있는 궁궐기행 **개정3판**

초판 1쇄	2005년 4월 10일 (두리미디어)
개정2판 1쇄	2009년 11월 15일
개정2판 30쇄	2021년 11월 20일
개정3판 1쇄	2023년 6월 26일
개정3판 2쇄	2023년 10월 31일

지은이	송용진
펴낸이	윤을식
펴낸곳	도서출판 지식프레임
출판등록	2008년 1월 4일 제 2023-000024호
전화	(02)521-3172
팩스	(02)6007-1835
이메일	editor@jisikframe.com
홈페이지	http://www.jisikframe.com

ISBN   979-11-982213-1-5 (03910)